Bernhard Grzimek:
Auch Nashörner gehören allen Menschen
Kämpfe um die Tierwelt Afrikas

Mit 62 mehrfarbigen und 76 einfarbigen
Fotos des Verfassers

W0044651

Deutscher
Taschenbuch
Verlag

Ungekürzte, vom Autor durchgesehene Ausgabe der
1962 im Ullstein Verlag erschienenen Erstauflage
Juli 1975
© Deutscher Taschenbuch Verlag GmbH & Co. KG,
München
Umschlaggestaltung: Celestino Piatti
(unter Verwendung eines Fotos des Verfassers)
Gesamtherstellung: C. H. Beck'sche Buchdruckerei,
Nördlingen
Printed in Germany · ISBN 3-423-01082-7

Das Buch

Seit Jahrzehnten hat Bernhard Grzimek neben Wiederaufbau und Leitung des Frankfurter Zoologischen Gartens seine wohl wichtigste Aufgabe darin gesehen, die von der Ausrottung bedrohte Tierwelt Afrikas zu erhalten. Sein zusammen mit seinem Sohn Michael gedrehter Film ›Kein Platz für wilde Tiere‹ setzte ein Zeichen und ließ die Weltöffentlichkeit aufhorchen. Seitdem hat Professor Grzimek die Arbeit, die er mit seinem in Afrika tödlich verunglückten Sohn begann, beharrlich fortgesetzt: zusammen mit gleichgesinnten Europäern aller Nationen und mit Afrikanern, die wissen, daß sich das Schicksal der Tierwelt unserer Erde in diesen, unseren Jahren entscheiden wird. Grzimek berichtet, wie er, der sich eigentlich nur um Nashörner und Löwen kümmern wollte, gerade ihretwegen in die politischen und kriegerischen Wirren des Schwarzen Kontinents gerät. Und natürlich ist auch von Elefanten, Krokodilen, Gorillas, Leoparden, Panthern, Schlangenhalsvögeln und anderen Tieren die Rede. Weil sich der Fernsehautor Grzimek oft ärgerte, manche Dinge nicht so ausführlich behandeln zu können, wie es vielleicht manche Zuschauer interessiert hätte, bereicherte er den Band mit zahlreichen Fotos, die er mit ausführlichen Erläuterungen versah. Bild- und Textteil sind nur zum Teil aufeinander angewiesen. Sie ergänzen sich und dokumentieren zusammen die epochale Aufgabe, der sich der Autor verpflichtet hat.

Der Autor

Bernhard Grzimek, am 24. 4. 1909 in Neisse (Schlesien) geboren, studierte Veterinärmedizin, war zunächst als Tierarzt tätig und trat kurz darauf in das Reichsernährungsministerium ein. Nach 1945 wurde er Direktor des Frankfurter Zoologischen Gartens, den er zu einem der eindrucksvollsten in ganz Europa ausbaute. Grzimek, Dr. Dr. h. c., Professor an der Universität Gießen und Kurator der Nationalparks in Tansania und Uganda, wurde mit zahlreichen Preisen und Ehrungen ausgezeichnet. Populär wurde er in Deutschland durch seine beliebte Fernsehserie ›Ein Platz für Tiere‹.

Inhalt

Im Hafen von Sansibar bei Ebbe.

Wie geht es weiter?

Wenn man wie ich hin und wieder im Fernsehen spricht und seine Zuhörer nicht nur unterhalten will, dann ärgert es einen, daß man vor solch einer Millionenschar die Dinge gerade so eingehend behandeln kann, wie sie noch jedermann beschäftigen. Unter hundert Fernseh-Zuschauern sind aber immer drei oder vier, die gern mehr und gründlicher darüber hören möchten. Ja, die sich vielleicht für dieselben Dinge begeistern wie ich. Für solche Leute muß man einfach solche Bücher, wie dieses hier, schreiben.

Wer meine Bücher ›Wir lebten mit den Baule‹, ›Kein Platz für wilde Tiere‹ und ›Serengeti darf nicht sterben‹ gelesen hat, fragt so oft, wie es denn weitergegangen ist. Ob Michael und ich etwas erreicht haben. Ob die Serengeti bestehenbleiben wird. Weil ich allen diesen Menschen zu antworten habe und weil man überhaupt ständig mit afrikanischen Tieren Dinge erlebt oder von ihnen erfährt, die aufregend und fesselnd sind, deswegen also ist dieser Band nun doch nicht nur ein Bildbuch geworden, sondern auch ein recht ausgewachsenes Textbuch dazu. Es wurde 1962 zum erstenmal veröffentlicht. Alle zeitlichen Erwähnungen im Buch beziehen sich auf dieses Jahr. Wenn ich jetzt – dreizehn Jahre später – dem Druck der vorliegenden Taschenbuchausgabe zustimme und den Text im wesentlichen unverändert lasse, so deshalb, weil sich im Grunde wenig geändert hat.

Bei der Serengeti ist es dabei geblieben, daß der größte Teil der eigentlichen Serengeti-Steppen vom Nationalpark abgetrennt worden ist. Das hat nicht eine der so oft bekrittelten, neuen, selbständigen afrikanischen Regierungen getan, die doch obendrein nach demokratischen Spielregeln von ihren Wählern abhängig sind, sondern das ist noch unter europäischer Kolonialverwaltung geschehen. So gehört also heute nur noch ein Teil von den berühmten Ebenen, die Anfang dieses Jahrhunderts und lange vorher unter dem Namen Serengeti bekannt waren, zu dem neuen Serengeti-Nationalpark. Die klugen Massai-Hirten, welche diese Landschaft vor ein paar Jahrzehnten erobert hatten, haben erreicht, daß der berühmte Ngorongoro-Krater, die Oldowai-Schlucht mit ihren Vormenschenfunden und die ergiebigsten Weidegründe der Serengeti-Ebenen zu ihren Gunsten abgetrennt wurden. Dafür hat man dem Nationalpark nach Norden hin Gebiete zugeschlagen, die weniger wichtig für die Tiere sind. Sie blieben zwar auch in den abgetrennten Gebieten vor der Jagd geschützt, aber der letzte britische Generalgouverneur, Sir Richard Turnbull, entschied: wenn immer es dort zum Wettbewerb zwischen den Lebensrechten der Wildtiere und der Menschen kommen sollte, dann müßten die der Menschen Vorrang haben. (Unter der neuen, schwarzen Verwaltung hat sich das inzwischen sehr zugunsten der Tiere geändert.)

Die neue, afrikanische Regierung von Tansania ist, wie so viele andere schwarze Regierungen in Afrika auch – und noch mehr als diese –, ehrlich gewillt, einen Teil der herrlichen Tierwelt ihres Landes für die ganze Menschheit zu erhalten. Sie hat das auch bewiesen, indem sie sehr bald zwei neue Nationalparks, den Manyara-Park und den Aruscha-Park, geschaffen hat. Inzwischen sind es (1975) schon insgesamt sieben geworden, ein achter, die Rubondo-Insel, soll bald hinzukommen. In jedem Fall trugen die Spenden aus der Fernsehsammlung »Hilfe für die bedrohte Tierwelt« sehr zur Verwirklichung bei. Da sich ja an dieser letzten großartigen Tierwelt auf Erden später nicht nur die Menschen in Tansania, sondern die Kinder aller Völker und auch unsere eigenen erfreuen sollen, ist es ganz richtig, daß auch wir mithelfen sollten, sie zu erhalten. Unsere Enkel würden es nicht verstehen, wenn sie Nashörner und Giraffen nur noch in Filmen sehen können und von ihren Vätern hören, wir seien in den sechziger Jahren dieses Jahrhunderts zu sehr damit beschäftigt gewesen, den Mond zu erobern, und hätten gar nicht gemerkt, wie bei der politischen Neuordnung Afrikas schöne Tiere endgültig ausgerottet worden sind. Edle Tiere, die unserer Obhut anvertraut waren und die wir auch auf keinem neu betretenen Stern jemals wiederfinden können, weil es eben *unsere* Mitgeschöpfe, die Tiere *unseres* Erdenkontinents waren.

Unsere gemeinnützige »Zoologische Gesellschaft von 1858« in Frankfurt/M. hat daher aufgerufen, für diese bedrohte Tierwelt zu spenden. Wenn Sie ein paar Mark oder ein paar zehntausend Mark entbehren können, so überweisen Sie diese bitte auf das Postscheckkonto Frankfurt/M., Nr. 47 (oder auf das Konto bei der Effectenbank Warburg, Frankfurt/M., Konto-Nr. 355569) unter der Bezeichnung »Hilfe für die bedrohte Tierwelt«. Diese Spenden sind steuerabzugsfähig. Die Zoologische Gesellschaft hat nicht, wie das die großen Wohltätigkeitsverbände zwangsläufig tun müssen, eine eigene Angestelltenverwaltung aufgebaut, sondern ihre Mitarbeiter wirken ehrenamtlich, so daß Ihre Spenden wirklich mit jedem Pfennig denen zugute kommen, für die sie gedacht sind. Und das sind nicht in erster Hinsicht nur die Tiere Afrikas, sondern auch seine

Menschen. Wenn wir ihnen einen Teil ihrer Tierwelt erhalten, verhelfen wir ihnen zu wirklich sicheren Einnahmen und Ernährungsgrundlagen in der Zukunft. Unsere Bücher werden regelmäßig von einer unabhängigen Prüfungsgesellschaft durchgesehen. Dabei kam heraus, daß 99,2 v.H. der eingegangenen Spenden auch wirklich dem beabsichtigten Zweck zugeführt worden sind.

Wie für jede andere wertvolle Sache in dieser Welt brauchen wir also Geld, und wir brauchen es schnell. Wir brauchen, gemessen an modernen Bedürfnissen, nicht gerade viel – der Preis *einer* der düsteren modernen Waffen würde uns erlauben, die Wildtiere, z. B. von Tansania, für viele kommende Geschlechter zu retten. Aber wir brauchen die Mittel dringend, wenn unsere Pläne in Deutschland und in anderen Erdteilen die Aussicht des Erfolges haben sollen. Die Ereignisse überstürzen sich. Sehr erwünscht sind uns laufende, monatliche Zuwendungen; sie ermöglichen uns länger andauernde Maßnahmen. Wenn Sie uns in Ihrem Letzten Willen bedenken, so wird Ihr Leben noch lange für das Gute nachwirken.

Bernhard Grzimek

Erster Abschnitt

Ein Elefant namens Oberbürgermeister

Zu viele Elefanten im Nationalpark – Entdeckung des Murchison-Falles –
Krokodile und Bilharzien – Flußpferde als Fleischlieferanten – Elefanten-
Zwischenfälle – Berggorillas

Wirklich schaurig sieht das aus.

Mein britischer Helfer Alan Root und ich fahren mit unserem Geländewagen von Süden her in den Murchison Falls-Nationalpark (heute Kabalega-Park) am Albert-See in Uganda – nicht auf der üblichen Straße der Touristen. Wir rollen über eine sanftgewellte Grassteppe, auf der locker verstreut viele Bäume stehen. Es sieht aus wie ein großer Obstgarten. Aber diese Bäume sind tot. Sie tragen keine Blätter, manche sind umgestürzt. Bei jedem haben die Elefanten die Rinde ringsherum abgeschält. Bald sieht man die ersten Elefanten, zwei Kühe und ein halbwildes Kalb, neben dem Wege stehen. Weiter hinten weidet eine Gruppe von dreißig, sie stehen fast regungslos. Nur manchmal schüttelt einer mit dem Rüssel die Erde aus den Wurzeln eines ausgerissenen Grasbüschels. Am Horizont mache ich nochmals zwanzig aus. Ein paar Minuten Autofahrt weiter können wir sogar fünfzig im Gelände zählen. Aber wir dürfen uns nicht aufhalten, wir müssen noch rechtzeitig vor Sonnenuntergang im Paraa-Lodge ankommen, in der großen Touristenunterkunft des Murchison Falls-Parks. Ich habe in Kampala, der Hauptstadt von Uganda am Viktoria-See, noch ein Paar Turnschuhe für sechs Mark eingekauft und ein paar Meter Leinwand zum Einwickeln unserer Sachen; sie verstauben sonst so sehr im Wagen. Auch ein Dutzend Ananas und eine große Dolde Bananen, weil es in den Wildgegenden keine Früchte zu kaufen gibt. Das hat uns aufgehalten.

Die Schwarzen arbeiten nur bis halb sieben abends an der Fähre. Wir können gerade noch darauf rollen, wie sie zum letzten Male für heute nach drüben zurückfährt. Die Männer bewegen das große Gefährt über den breiten Viktoria-Nil, indem sie sich mit den Händen am Geländer festhalten und mit den nackten, hornigen Füßen auf einem Drahtseil entlang gehen, das über zwei Eisenrollen läuft. Ein einfaches Verfahren. Dreißig Meter neben der Fähre sitzt eine Familie von fünfzehn Flußpferden im Wasser. Sie drehen uns nicht einmal die Köpfe zu.

Das Lodge ist überfüllt, kein Zimmer, kein Bett zu haben. Ich habe noch von Frankfurt aus an Frank Poppleton, den Leiter des Nationalparks, einen Brief geschrieben; die Post braucht aber viel Zeit bis in diesen Winkel Zentralafrikas, und der Brief ist erst heute angekommen. Heute aber ist Heiliger Abend. Das hatte ich ganz vergessen. So müssen wir im Freien übernachten. Da der Himmel fast klar ist, machen wir uns nicht die Mühe, ein Zelt aufzubauen, sondern wickeln uns in Schlafsack und Decken und legen uns unter einen Busch. Ich habe nur Angst vor Moskitos, denn uns fehlen Netze dagegen. Es ist eine stimmungsvolle Heilige Nacht. Über uns leuchtet der weite afrikanische Himmel mit ungezählten Sternen. Unten am Nil rufen die Flußpferde. Ich liebe ihr gemütliches, dumpfes Grollen. In Afrika erinnert es mich an unseren Bullen »Toni« zu Hause im Zoo, und ruft der bei uns daheim, dann zieht es unter meiner Jacke ein bißchen nach diesen Seen hier in Uganda. Toni selbst kennt dieses Heimweh sicher nicht: schon seine Eltern sind in Europa geboren, nicht hier. – Vielleicht hundert Meter von uns entfernt grasen zwei Elefanten. Die Mücken lassen uns in Ruhe.

Das letztemal vor bald zehn Jahren war ich mit Michael hier. Wir haben auch in einem Zelt geschlafen; zu jenen Zeiten gab es hier noch kein Hotel. Damals war Uganda »neu« und ein bißchen »unsicher« für uns, denn wir kamen »schwarz« über die Grenze aus dem Kongo hierher. Da fühlten wir uns in jenen Zeiten zu Hause. Auch damals war es die Politik, die uns Schwierigkeiten machte. Wir hatten nicht rechtzeitig das Visum für die englische Kolonie Uganda bekommen; auch alle Telegramme an den deutschen Konsul nach Léopoldville (jetzt Kinshasa), der Hauptstadt des Belgischen Kongo, hatten nichts geholfen. Weil uns die vielen, vielen großen Krokodile am Viktoria-Nil reizten, verhandelten wir mit den belgischen Zollbeamten in Mahagi, mit denen wir uns gut angefreundet hatten. Sie verrieten uns eine Grenzstelle, wo auf der anderen Seite keine britischen Zöllner waren, und versprachen uns, daß sie uns wieder nach dem Kongo hineinlassen würden, wenn wir an der gleichen Stelle zurückkämen... Heute fühlen wir uns in Uganda zu Hause. Der Kongo (jetzt Zaire) ist unheimlich und schwer erreichbar geworden.

Damals stand unser Zelt fast an der gleichen Stelle, an der ich jetzt schlafe. Als ich an jenem Morgen bei noch fahlem Tageslicht aus dem Zelt trat, stand dicht davor ein großer Elefant. Ich zog mich achtungsvoll zurück, weckte Michael, und wir machten die Filmkamera fertig. So konnten wir später unseren Freunden in Europa einen Streifen vorführen, auf dem mein Sohn dicht vor dem

Elefanten zu sehen ist. Einmal macht der Elefant Miene, ihn zu verscheuchen, und unwillkürlich weicht Michael einen Schritt zurück. Dann wieder faßt er Mut und geht ein oder zwei Schritte auf den Elefanten zu. Der wendet sich ängstlich ein wenig zur Seite. Jeder will immer wieder den anderen einschüchtern, hat aber nicht den rechten Mut dazu. (Man kann so etwas zur Not machen, wenn dicht dabei ein Lastwagen steht, in den man hineinspringen kann.)

Der Elefant hieß »Lord Mayor«, zu deutsch »Oberbürgermeister«. Ein paar Stunden später nahm er mich an und jagte mich durch das halbe Lager. Man macht erstaunlich lange Beine, wenn ein Elefant hinter einem her ist. Alle Begleiter freuten sich königlich über mich. Dieser Oberbürgermeister, eine bekannte Gestalt im Paraa-Lodge, ist vor zwei Jahren erschossen worden. Er war zwei Meter zwanzig hoch, wog siebzig Zentner, und seine Stoßzähne waren links sieben Kilogramm, rechts sechs Kilogramm schwer. Er ist wohl nicht mehr als zwanzig Jahre alt geworden. Dieser merk-

Von diesen drei afrikanischen Haustieren ist das Dromedar auf Nordafrika beschränkt geblieben; der Esel hat sich als Begleiter des Menschen über den ganzen Erdteil verbreitet, während das landfremde Rind das afrikanische Gleichgewicht der Natur gestört und weite Landstriche in Wüste verwandelt hat.

*Pferde – die hier im Flachwasser des Nils in Oberägypten Schiffsgüter ausla-
den – haben in Afrika nicht viel weiter nach Süden vordringen können,
weil sie von der Nagana weggerafft werden, einer Seuche, die der Schlafkrankheit des Menschen verwandt ist. Es besteht wohl nach den ersten erfolgreichen Versuchen kaum ein Zweifel, daß das afrikanische Wildpferd,
das Zebra, durch die europäischen Kolonisatoren zum Zug und Reittier
umgewandelt worden wäre. Als die Autos Afrika eroberten, wurde das über-
flüssig.*

Anscheinend bringen die rasenden, durch die enge Felsspalte der Murchison-Fälle gepreßten Wasser des Stromes so viele betäubte oder tote Fische mit sich, daß ganze Hundertschaften von großen Krokodilen bequem davon leben können.

Die Thomsongazelle (Gazella thomsonii), *in Afrika meist Tommy genannt, bewegt ihren Schwanz das ganze Leben hindurch wie einen Uhrpendel hin und her. Er ist nur ruhig, wenn sie schläft oder tot ist. Sie überholt auch spielend Autos in der Streppe, die 55 km/st fahren, und braucht nicht unbe dingt zu trinken. Dieser bejahrte Bock lebt in der Serengeti (siehe auch Seite 72).*

Das edelste Pferd aber, der arabische Vollblüter, ist in Arabien und in islamischen Ländern Nordafrikas geschaffen worden. Von ihm leitet sich das berühmte englische Vollblut ab, und Araberblut fließt heute in allen Pferderassen der Erde. – Ein Mann vom Stamme der Nedje namens Daher verkleidete sich als bettelnder Krüppel und flehte am Wege den Besitzer einer berühmten Stute an, ihn doch mitzunehmen. Nachdem dieser ihm mühsam in den Sattel geholfen hatte, gab der Dieb dem Tier die Sporen und schrie: »Ich bin Daher, und dein Pferd ist mein!« Als er außer Lanzenreichweite war, bat ihn der Bestohlene, einen Augenblick anzuhalten. »Es ist Allahs Wille, daß ich mein Pferd verloren habe«, sagte er, »aber ich beschwöre dich, sag es keinem, wie du es gewonnen hast!« Verwundert fragte ihn der Sieger nach dem Grund. »Nie wieder würde jemand bei einem Bittenden am Wege anhalten. Und es kann doch sein, daß einer wirklich verwundet ist!« Betroffen stieg Daher vom Pferde, gab es dem Besitzer zurück, und die beiden wurden später Blutsbrüder.

Bei 50 Grad Luftwärme verliert der Mensch in einer Stunde 1,14 Liter Schweiß; bei 10 v. H. Körpergewichtsverlust ist er taub und wird irre, bei 12 v. H. stirbt er. Ein Dromedar, das acht Tage lang in der Wüste nichts getrunken hatte, war um 22 v. H. leichter geworden, aber nicht krank. Es trank dann Eimer um Eimer Wasser hintereinander und wurde zusehends wieder rund.

würdige Elefant hatte sich von ganz allein an die Nachbarschaft von Menschen gewöhnt. Er kam fast jeden Tag in das Lager und hielt sich oft stundenlang dort auf. Nach einiger Zeit fand er, daß es eigentlich zu unbequem sei, zum Trinken hinunter an den Nil zu steigen. Er lernte die Wasserhähne öffnen, die hier und da im Lager und an den Häusern zu finden sind. Dazu bearbeitete er die Hähne mit den Stoßzähnen, machte sich aber natürlich nicht die Mühe, sie nachher wieder zu schließen. So liefen über Nacht die Wasserbehälter leer. Wasser ist aber nirgends in Afrika im Überfluß da. Damals war John Mills Wildwart im Murchison Falls-Park. Er half sich, indem er kurzerhand die Griffe der Hähne abschraubte. Aber der Oberbürgermeister wußte sich Rat: er riß die Wasserleitungsrohre aus der Erde, bis sie brachen. So mußte schließlich um jede Zapfstelle ein Stacheldrahtverhau gebaut werden.

Einmal wachte John Mills mitten in der Nacht auf. Sein Haus knackte bedenklich. Als er die Tür nach der Veranda öffnete, war sie durch ein Elefantenhinterteil versperrt. Das nächstemal war der Oberbürgermeister dabei, das Strohdach der Küchenhütte abzudecken, um an ein Bündel Bananen heranzukommen, das darin lag. Wenn die Zimmerleute bei der Arbeit waren, pflegte er interessiert näher zu kommen. Die Handwerker fuhren mit ihrer Arbeit fort, bis er etwa auf dreißig Meter heran war, dann zogen sie sich zurück, während er ihr Tagewerk besichtigte. 1957 verschwand er für einige Monate. Die Leute im Lodge hofften, daß er sich einer wilden Elefantenherde angeschlossen hätte und vielleicht sogar Leitbulle geworden wäre. Aber er kam zurück. Mit einem abgebrochenen Stoßzahn.

Eines Tages zerstörte er vollständig das Haus, in dem Bier gebraut wurde, weil er sich an den Überresten des Bieres gütlich tun wollte. Als er in einer Nacht in aller Seelenruhe einen Sack voll Süßkartoffeln in der Veranda des Wildwartes verzehrte und dabei das Dach der Veranda halb abbrach, konnte ihn John Mills auch nicht mehr mit Zurufen vertreiben. So zündete er ein paar Bogen Papier an und steckte sie hinaus auf die Veranda. Doch der Elefant ließ sich nicht stören. Wildtiere sind überhaupt Feuer gegenüber keineswegs ängstlich, wie oft in Büchern zu lesen steht. Schließlich gelang es, ihn mit ein paar Schüssen in die Luft zu vertreiben.

Der Oberbürgermeister war also ein etwas unbehaglicher Mitbewohner des Paraa-Lodge. Sein Schicksal aber ereilte ihn in Form der »Tierliebe« der Besucher. Sie fingen an, ihn mit Bananen zu füttern. So lernte der große Bulle, daß Autos eßbare und wohlschmeckende Dinge enthalten. Er griff mit dem Rüssel durch die offenen Fenster der Autos und durchsuchte sie, er zog die Polster der Sessel heraus und schlitzte mit den Stoßzähnen die Leinwanddächer auf. Wenn abgestellte Wagen in der Nacht völlig verschlossen waren, faßte das Riesentier nur mit dem Rüssel unter das Fahrgestell, schüttelte ein paarmal, und schon sprangen die verschlossenen Türen von allein auf.

Allmählich wurde er immer zudringlicher. Er zerstörte zum zweitenmal das Brauhaus und durchsuchte in der Nacht zwei Hütten nach Nahrung, obwohl die Besucher darin schliefen. Leute, die mit dem Traktor arbeiteten, konnten eines Tages gerade noch entkommen.

Das Schlimmste aber widerfuhr vier Deutschen. Sie hatten – ähnlich wie wir – abends keinen Platz mehr im Lodge gefunden und übernachteten daher in ihrem Volkswagen im Freien. Ihre Lebensmittel hatten sie unter ihr Auto gelegt. Da der Oberbürgermeister sie nicht erreichen konnte, kippte er den Volkswagen einfach um, so daß die vier Räder nach oben in der Luft standen. Es muß eine etwas ungemütliche Nacht für diese deutschen Besucher gewesen

Der Afrikaner F. W. Kafuzi aus Masindi, der gerade im Murchison-Nationalpark war, konnte mit seiner einfachen Boxkamera den Augenblick erwischen, in dem der »Oberbürgermeister« einen Volkswagen hochhob. In einem anderen Fall drehte er ihn nachts mit den Rädern nach oben. Allerdings ist es auch verboten, nachts in Nationalparke zu fahren oder gar dort in Kraftwagen zu schlafen. Auch in Afrika gibt es eben Verkehrsregeln. Übrigens ist den Insassen nichts Ernstliches geschehen.

Dieser Elefantenbulle ließ an der damals neu angelegten und noch nicht für den Verkehr geöffneten Straße von Uganda nach Rutshuru im Kongo (Zaire) einen schwarzen Radfahrer nicht vorbei. Wir luden Mann und Rad auf unser Auto, mußten aber schnell Gas geben, weil das Tier uns annahm.

Umgeben von weißen Kuhreihern und den niedlichen afrikanischen Blatt-hühnchen (Actophilornis africanus) oder Jacana weidete der Elefant tief im Schilf am Ufer des Viktoria-Nils. Als er aber plötzlich herausstieg und drohend oder neugierig bis auf acht Meter auf den Wildwart und mich zu-kam, ließ ich die Kamera liegen und verschwand hinter dem Busch, vor dem wir saßen. Mein Begleiter hatte mehr Mut und Erfahrung, er blieb sitzen.

sein. Nachdem er ein paar Tage später noch ein zweites Auto umgestülpt hatte, mußte ihn der Wildwart schweren Herzens erschießen. Alle Paraa-Leute trauerten ihm nach, denn er hatte schließlich jahrelang mit zum Lodge gehört.

Ich hatte schon von Frankfurt aus vor zwei Jahren bei Frank Poppleton angefragt, ob denn niemand den Oberbürgermeister geknipst hätte, wie er die Autos umstülpte. Aber ich konnte keine Bilder davon erhalten. Jetzt, bei meinem Besuch, forschte ich weiter danach. Tatsächlich hatte doch ein Schwarzer mit seiner kleinen Boxkamera den Elefanten aufgenommen, wie er gerade einen Volkswagen in die Luft hob. Das Bild ist nicht gerade scharf – wie man eben so mit einer billigen Box knipst, wenn ein unfreundlicher Elefant ganz dicht dabei ist. Aber ich habe es abfotografiert, und so kann ich das einzigartige Foto als Beweisstück beifügen.

Die leidige Sucht vieler Menschen, jedes Tier zu füttern, kostet bekanntlich die Zoologischen Gärten viele Erkrankungen und Todesfälle. In Nationalparks werden Paviane und andere Affen dadurch leicht so zudringlich, daß sie nach einiger Zeit durch die Fenster oder durch die Dachluken in die Autos eindringen, den Besuchern Brot und Früchte aus den Händen reißen und sie bedrohen oder gar beißen. Solche von Menschen verdorbene, zudringliche Tiere müssen dann immer wieder von den Wildhütern getötet werden. Ein Nationalpark ist kein Zoo. Große Bären, die im Yellowstone-Park in Nordamerika die Autos an der Straße anbetteln, oder Meerkatzen, die in Afrika auf Autokühlern sitzen, zerstören den Besuchern das Bild der unberührten, freien Natur.

Nein, an Elefanten ist im Murchisonpark wirklich kein Mangel. Man hat sie auf über zwölftausend geschätzt, wenngleich auch hier, wie fast überall in Afrika, kaum noch wirklich riesige, »kapitale« Bullen mit gewaltigen Stoßzähnen zu finden sind. Den Wildhütern des Murchison Falls-Parks wird angst vor der Überzahl der Elefanten, die in ihr Friedensreich hineindrängen. Elefanten scheinen wanderlustige Tiere zu sein, im Gegensatz etwa zu Nashörnern, die bleiben und sterben, wo sie sich niedergelassen haben. Überall im Umkreis um den Nationalpark werden neue Dörfer gegründet, werden Elefanten gejagt. So ziehen sich die Tiere allmählich in den sicheren Schutz zurück – solche Nationalparks in Übersee haben ja bekanntlich keine Zäune, sie sind lediglich gesetzlich befriedete Flächen in der Landschaft.

Elefanten, die nicht genug Nahrung finden, können aber rasch eine Landschaft in Wüste verwandeln. Sie reißen die jungen Bäume aus, um an die grünen Zweige der Wipfel zu kommen, sie brechen

Der Baobab- oder Affenbrotbaum (Adansonia digitata L.) hat einen ungeheuer dicken, sehr wasserreichen Stamm und eine verhältnismäßig kleine Krone. Eine afrikanische Legende erzählt, daß die Baobab-Bäume einst stolz und übermütig geworden waren. Da riß sie Gott aus der Erde und steckte sie verkehrt wieder hinein. (In der Trockenzeit, wenn sie alle Blätter abgeworfen haben, wird noch deutlicher, in was für einem Mißverhältnis Stamm und Äste stehen.) Eingeritzte Namen von Europäern und Jahreszahlen, die schon zwei- bis dreihundert Jahre zurücklagen, fand Adanson, der Baobab-Bäume um 1760 erstmals an der westafrikanischen Küste beschrieb. Achten Sie zum Größenvergleich bitte auf den Menschen unten am Stamm.

selbst stärkere Bäume durch ihr Gewicht um. Solche Gewohnheiten haben die Dickhäuter anderswo nicht gezeigt, wo ihre Zahl im Gleichgewicht zu der Nahrung ist. Dem Land fehlt dann der Schatten der Baumwipfel. Auch junge Bäume können nicht mehr nachwachsen, weil sie sofort wieder ausgerissen und verzehrt werden. Die Elefanten bohren mit den Stoßzähnen große Löcher in die gewaltigen wasserhaltigen Stämme der prächtigen Baobab-Bäume. Sie zerfasern das weiche Holz, bis es in Fetzen hängt und der Baumriese umstürzt.

Die Leute des Nationalparks wissen nicht recht, was sie tun sollen. Man müßte mindestens zwölfhundert Elefanten erschießen – ein riesiges Blutbad. Wenn man dazu erzogen ist, Tiere zu schützen,

Während der furchtbaren Trockenheit des Jahres 1961 haben Elefanten fast sämtliche Baobab-Bäume am Galana-Fluß im Tsavo-Nationalpark aufgerissen und tiefe Löcher in die wasserreichen Stämme gehöhlt. Die meisten Baobab-Bäume sind dabei umgeworfen worden wie dieser. In einem Fall wurde ein Elefant dabei erschlagen.

wenn man die eingeborenen Wilddiebe bestraft, weil sie Elefanten und Büffel töten, dann kann man sich zu solch einem Entschluß schwer durchringen.

Vor hundert Jahren war der Murchison Falls-Park keineswegs wie heute eine menschenleere Steppe. Damals kam der in Deutschland erzogene englische Entdeckungsreisende Samuel Baker als erster Europäer in diese Gegend – zusammen mit seiner ungarischen Frau Florentine von Sass, die ihn auf allen seinen Expeditionen in knöchellangen Röcken begleitet hat. Sie entdeckten hier vom Boot aus am 3. April 1864 die Murchison-Wasserfälle.

Unlängst fiel mir Samuel Bakers Bericht darüber in die Hände; ich habe ihn übersetzt:

»Die Frau Bacheeta kannte das Land, da sie früher schon einmal in Magungu gewesen war, als sie noch in Diensten von Sali stand, der später von Kamurasi ermordet wurde. Sie sagte mir nun, daß unsere Kanureise an diesem Tage enden würde, da wir bei dem großen Wasserfall anlangen würden, von dem sie mir schon oft erzählt hatte. Während wir weiterruderten, wurde der Fluß allmählich immer enger bis auf etwa hundertachtzig Meter. Wenn die Leute mit dem Rudern anhielten, konnten wir deutlich das Brausen des Wassers hören. Ich hatte das schon beim Aufwachen am Morgen vernommen, aber dabei hatte ich noch angenommen, daß es von einem weit entfernten Gewitter herrührte. Um zehn Uhr hatte sich das Donnern so verstärkt, während wir immer näher kamen, daß es deutlich hörbar war, wenn auch nur schwach. Nachdem wir einige Stunden scharf gerudert hatten, während welcher Zeit die Strömung immer stärker wurde, wurde das Brüllen des Wasserfalls ungewöhnlich laut. Wir kamen bei einigen verlassenen Fischerhütten an, an einer Stelle, wo der Fluß eine leichte Biegung machte. Ich habe niemals solch eine ungewöhnliche Menge von Krokodilen gesehen wie hier auf jeder Sandbank an den Ufern des Flusses. Sie lagen wie Baumstämme dicht zusammen, und auf einer Sandbank zählten wir siebenundzwanzig große Tiere. Jeder zum Sonnen geeignete Platz war voll besetzt. Von dem Augenblick an, in dem wir vom Albert-See aus in den Viktoria-Nil hineingefahren waren, wurde er auf beiden Seiten von Anhöhen begleitet, die an den Ufern ziemlich steil waren. Sie waren etwa sechzig Meter hoch.

Hier an diesem Punkt waren die Klippen viel höher und ungewöhnlich steil. Aus dem Dröhnen des Wassers schloß ich, daß wir die Fälle erblicken würden, wenn wir um die Flußbiegung herumführen. Daher befahl ich den Ruderern, so weit zu fahren, wie sie konnten. Sie widersetzten sich diesem Wunsch zunächst. Sie wollten bei den verlassenen Fischerhütten bleiben. Dies sei das Ende der Reise, weiterfahren könne man nicht.

Ich machte ihnen klar, daß ich die Fälle nur zu sehen wünsche, und sie ruderten alsbald weiter gegen die Strömung, die jetzt stark war. Als wir um die Ecke kamen, überwältigte uns ein prächtiger Anblick. Auf beiden Seiten des Flusses waren schön bewaldete Felsklippen, die jäh etwa hundert Meter anstiegen. Felsquader ragten aus dem kräftig grünen Laub hervor. Durch eine Spalte, die den Fels genau vor uns trennte, drängte sich der Fluß – zusammengeengt von der ursprünglichen Breite eines mächtigen Stroms – durch einen schmalen Schlund von knapp fünfzig Meter Breite. Wild brüllend in der Felsenzange stürzte er sich in einem Sprung von etwa vierzig Metern senkrecht in einen dunklen Abgrund.

Der Wasserfall war schneeweiß, was prächtig aussah, da er sich auf diese Weise hell abhob von den dunklen Klippen am Rande, während die würdevollen Palmen und wilden Gewächse die Schön-

Der Semliki, der aus dem Eduard-See herausfließt, hat hier eine steile Erd-
wand von seinem Ufer abgespalten. Auf einer Insel weiden die Flußpferde
auch tagsüber – auf der Steppe tun sie es nur nachts. Der Semliki, der eine
große Zufluß des Weißen Nils, ist hier völlig krokodilfrei.

Dagegen sind im Viktoria-Nil, dem zweiten Zufluß, heute wohl die meisten
Krokodile Afrikas zu finden.

heit des Anblicks noch erhöhten. Zu Ehren des angesehenen Präsidenten der Königlichen Geographischen Gesellschaft nannte ich ihn Murchison-Fall. Das ist das Eindrucksvollste, was man im ganzen Verlauf dieses Flusses antrifft.«

Baker hat übrigens die Breite der Felsspalte von unten her überschätzt, durch die sich der Nil ächzend und mit wütendem Aufschäumen durchzwängt: sie ist nicht fünfzig, sondern knapp sechs Meter breit. Sie muß ungeheuer tief sein, sonst hätten die Wasser des Stromes keinen Platz darin. Die schmale und häßliche Eisenbrücke aus Armeebeständen, die man in den letzten Jahren darüber gelegt hat, wurde vom Hochwasser in der Regenzeit 1961–1962 weggerissen.

Vor hundert Jahren hielt Kamurasi, der schwarze König von Bunyoro, das Forscher-Ehepaar Monate und Monate hier im heutigen Nationalpark fest: die Welt hörte lange Zeit nichts von ihnen. Ein paar Jahre später besetzte Ägypten, das schon immer Elfenbeinhändler hergeschickt hatte, das ganze Gebiet. Der Khedive richtete sogar militärische Stützpunkte hier ein. Dann gab es Krieg zwischen den schwarzen Königen. In dieser Zeit kam unser Landsmann aus Oppeln in Schlesien, Emin Pascha, hier durch und ebenso der Engländer Gordon Pascha, dessen Haupt später während des Mahdi-Aufstands in Khartum monatelang, auf einer langen Stange aufgespießt, ausgestellt wurde. Schließlich, wieder zwanzig Jahre später, richteten die Engländer einen Militärstützpunkt zu Füßen der Murchison-Fälle ein.

Dann aber breitete sich die Schlafkrankheit aus. Sie war es, die den Elefanten, Flußpferden und Antilopen den Frieden erhielt. Als Winston Churchill im Jahr 1907 hier durchreiste, waren die letzten Dörfer fast völlig menschenleer geworden. Schwerkranke lagen vor den Hütten. Deswegen siedelte man vor dem Ersten Weltkrieg alle Menschen aus, die noch am Leben geblieben waren. Die Büffel und die Nashörner waren unter sich.

So konnte man dann später ohne Schwierigkeit hier ein Naturschutzgebiet einrichten, weil keine Menschen im Lande lebten. Sogar die Elfenbeinausbeuter und die Großwildjäger hatten sich jahrzehntelang nicht in die verseuchte Gegend getraut. Nicht die weise Überlegung von Wildwarten und Naturschützern hat also diese Landschaft für die Tiere ausgesucht, sondern die Tsetsefliege, die Überträgerin der Schlafkrankheit, hat es getan. So ähnlich ist es mit all den Nationalparks in Afrika gegangen.

Ein Reisender kann heute in Afrika kaum noch große Krokodile, ja überhaupt wohl keine Krokodile mehr sehen. Da seit langen Jahren Krokodilleder für Handtaschen und Damenschuhe und Brieftaschen in Mode ist, hat man auch entlegene Seen und Flüsse leergejagt. Krokodile sind von allen Wildtieren Afrikas vielleicht am wenigsten anziehend. Sie benehmen sich ähnlich wie Haifische im Ozean. An manchen Stellen kann man zwischen ihnen baden, und es fällt ihnen nicht ein, einen Menschen anzugreifen. Dann wieder ist plötzlich jemand verschwunden und zerrissen.

So ist das auch hier am Viktoria-Nil. John Mills, der Vorgänger von Frank Poppleton, hatte den Mut, jeden Morgen quer über den breiten, von Krokodilen stark bevölkerten Strom zu schwimmen. Es ist ihm nie etwas geschehen. Einen der Boys hat aber ein Krokodil an derselben Stelle beim Wasserholen am Bein gepackt. Die anderen konnten ihn festhalten und herauszerren, indem sie das Reptil gleichzeitig mit Stöcken bearbeiteten. Aber das Bein des Mannes war so zerfleischt, daß er starb. Trotzdem ist John Mills weiter durch den Nil geschwommen.

Krokodile machen sich im neuen Afrika auch an den Wasserdämmen unbeliebt. Man baut solche Dämme in Tälern der Steppe, um das Wasser ein paar Wochen und Monate nach der Regenzeit aufzustauen. Rinderherden und Wildtiere können dort trinken und auf diese Weise die Umgebung länger beweiden. Die Krokodile bohren in die Dämme ihre Höhlen, schließlich aber dringt Wasser in diese Löcher ein und reißt den ganzen Damm entzwei.

Die grünlichen Ungetüme ertränken ihre Beute, sind aber oft nicht imstande, sie gleich zu zerreißen, um sie zu verschlingen. Dann bringen sie die Beute in ihre Höhlungen unterhalb des Ufers und lassen sie dort liegen, bis sie verwesen und leichter zerfallen. Ein Schwarzer, der auf diese Weise besinnungslos dort hingezerrt worden war, wachte im Dunkeln auf und konnte sich durch die Erde hindurch nach oben ins Freie herausarbeiten.

Vor kurzem machte die afrikanische Krokodilknappheit hier einer amerikanischen Filmgesellschaft Kummer, die in Uganda einen Spielfilm drehen wollte. Der Drehbuchautor hatte sich eine schöne Szene ausgedacht: Krokodile sollten mit weitgeöffneten Rachen am Ufer liegen und sich sonnen. Dann sollten Krokodilwächter, eine besondere Vogelart, in diesen geöffneten Rachen umherlaufen und die Überreste der Mahlzeit von den Zähnen picken. Das steht so in Büchern zu lesen, ob es die Vögel aber überhaupt tun, ist umstritten.

Drehbuchschreiber machen sich jedoch selten Gedanken darüber, wie so etwas wirklich gefilmt werden soll. Die Filmleute saßen in Kampala, der Hauptstadt von Uganda. In ganz Uganda war außerhalb der Nationalparks kein Krokodil mehr zu entdecken. Deswegen schickten sie Jäger über die Grenze nach dem Kongo – es war noch vor der Kongokrise .–, und diese konnten nach neun Tagen endlich drüben am Semliki-Nil ein Krokodil schießen. Es wurde auf einem Lastwagen in die Großstadt Kampala gebracht, in einen Garten gelegt, und der Rachen wurde ihm mit Stöckchen unauffällig gesperrt. So war die eine Voraussetzung erfüllt.

Aber natürlich gab es keine Krokodilwächter, und es wäre ihnen auch nicht so ohne weiteres eingefallen, dem toten Krokodil in den Mund zu kriechen. Die verzweifelten Filmleute kauften schließlich in einer Hühnerfarm halbwüchsige Leghornküken, schnitten ihnen die Schwänze ab, färbten das Gefieder, streuten Hühnerfutter in den Krokodilrachen und brachten auf diese Weise den Spielfilm, dessen Namen ich hier nicht nennen möchte, ganz drehbuchgerecht zustande. Solche Filme können dann in der Gegend Afrikas, in der sie gedreht worden sind, beim Vorführen in den Kinos oft viel Belustigung auslösen.

Als wir vor Jahren hier waren, lagen die Uferbänke des Viktoria-Nils an vielen Stellen voll von riesigen Krokodilen. Die Nilgänse gingen zwischen ihnen umher, als ob die Ungetüme kein Geflügel mochten. Wahrscheinlich gedeihen sie hier so gut, weil die brausenden Wasserfälle des Viktoria-Nils die großen Fische, die hineingeraten, töten oder betäuben. Die Krokodile unterhalb der Fälle brauchen sie nur aufzusammeln.

Hier im Murchison Falls-Nationalpark und im Königin-Elisabeth-(jetzt Ruwenzori-)Nationalpark, dem zweiten Nationalpark von Uganda, kann man wilde Tiere auf besonders faule und bequeme Weise besichtigen. Die Besucher gleiten in schattigen großen Motorbooten zwischen den Flußpferden im Wasser umher und nähern sich dem Ufer dort, wo die Elefanten gerade zum Trinken herabsteigen, wo die Pelikane sich in Scharen ansammeln, die Büffel sich in der Nähe der Wasserkühle ausruhen oder Pavianherden in den Uferbäumen ihre Schlafplätze aufsuchen. Auf den Bäumen sitzen die weißbrüstigen Schreiseeadler und halten nach Fischen Ausschau, Kormorane breiten ihre durchnäßten Flügel aus, um sie an der Sonne zu trocknen. Die Krokodile liegen am Ufer, mit der Schnauze zum Wasser, und bequemen sich erst dann hineinzutauchen, wenn man mit dem Boot bis auf wenige Meter heranfährt.

Heute sieht man zwar noch Krokodile. Aber es sind wesentlich weniger, und sie sind scheuer geworden. In den letzten Jahren haben nämlich hier Eingeborene nachts viele von ihnen getötet, weil für die Häute so hohe Preise gezahlt werden. Deswegen hat Frank

Der Defassa-Wasserbock (Kobus defassa), *an dem hier in der Serengeti ge-rade ein Pavian vorbeigeht, scheint den Raubtieren schlecht zu schmecken. Nur sehr selten wird ein Wasserbock von ihnen umgebracht.*

Die männlichen Uganda- oder Thomas-Wasserböcke (Adenota kob thoma-sii) *haben hier am Albert-Nil richtige Hochzeitsbezirke. Jeder Bock erkämpft sich eine kleine Kreisfläche darin und hält sich den ganzen Tag dort auf. Die Weibchen gehen quer durch das Gelände und werden von jedem Bock an der Grenze seines Privatplatzes empfangen und bis zu der anderen Grenze begleitet.*

Poppleton ein flaches, besonders schnelles Motorboot beschafft und mit einem starken Scheinwerfer ausgerüstet. Seit ein paar Wochen fährt er nachts den Nil hinauf und hinunter, und er hat schon einige Wilddiebe erwischt. Aber man sollte nicht sie, man sollte viel schärfer die indischen Kaufleute bestrafen, welche die Häute und das heimlich gejagte Elfenbein aufkaufen. *Sie* bringen den kleinen Mann in Versuchung.

Im übrigen sind es nicht die Krokodile, die das Baden in Afrika an den meisten Plätzen so unheimlich machen. Auch die Schlafkrankheit braucht kein Reisender mehr zu fürchten; ich habe noch niemals in Afrika einen Schlafkranken zu sehen bekommen. Aber die *Bilharzien* in vielen Gewässern sind geblieben. Der Albert-Nil am Rande des Murchison Falls-Parks ist wohl am schwersten von allen afrikanischen Gewässern mit ihnen verseucht. Es sind Saugwürmer, die in den Blutgefäßen von Menschen leben, vor allem in der Leber und in den Blutadern der Eingeweide. Sie sind einen bis zweieinhalb Zentimeter lang. Wenn sie sich paaren, kriecht das zarte Weibchen ganz in das Männchen hinein. Ihre Eier werden mit dem Stuhl und dem Harn ausgeschieden. Kleine Larven, die sich daraus entwickeln, siedeln sich in Schnecken an, bilden sich dort um, schwimmen dann frei im Wasser umher und bohren sich durch die Haut von badenden Menschen und Tieren. Sie wandern in den Blutgefäßen bis in die Lunge, verursachen einen trockenen Husten und reisen dann in anderen Blutgefäßen weiter in die Leber und in die Harnblase. Die fertigen Würmer können in einem Menschen zwanzig Jahre alt werden – wenn er es überlebt. Er bekommt Leberschwellung, Blutungen im Stuhl und im Harn. Erst seit 1917 hat man Mittel gefunden, diese Würmer aus dem Menschen halbwegs zu vertreiben. Aber vorbeugen gegen den Befall kann man nur, indem man nicht in verseuchten Gewässern badet.

Es ist eines der ungelösten Geheimnisse Afrikas, warum es im Königin-Elisabeth-Park keine Krokodile gibt. Vielleicht liegt es daran, daß sie die Wasserfälle des Semlikis nicht emporklettern konnten und daß sie auch daneben zu Lande nicht weiter wandern konnten, weil dichter, schattiger Wald um die Fälle steht, den die Krokodile nicht lieben. Jedenfalls braucht man sich im Elisabethpark und im Eduard-See vor diesen Kriechtieren nicht zu fürchten.

Während wir mit Herrn Paige, dem zweiten Wildwart des Elisabethparkes, in seinem hübschen Haus sitzen und von seiner Frau mit englischen Gerichten bewirtet werden, kommt ein aufgeregter Bote. Ein achtzehnjähriges Mädchen ist trotz des Verbotes nach Einbruch der Dunkelheit mit seinem Fahrrad auf der Landstraße

durch den Nationalpark gefahren. Ein Flußpferd, das nachts draußen weidete, hat es angegriffen und übel zugerichtet. Mr. Paige muß
es schnell mit seinem Wagen zum Arzt nach Katwe fahren. Der
Doktor arbeitet die halbe Nacht, das arme Ding zusammenzunähen;
die Bauchhöhle ist geöffnet, die Muskeln sind an vielen Stellen zerrissen. Der Arzt macht Blutübertragung und läßt Kochsalzlösung
in die Adern einlaufen. Trotzdem stirbt das Mädchen am Nachmit-
tag des nächsten Tages. Flußpferde, Elefanten, Büffel können viel
Unheil anrichten, wenn sie erschreckt werden und sich angegriffen
glauben. Mit Löwen geschieht hier kaum jemals etwas.

Unlängst war der schwarze Wildhüter Tirtuliano Owong mit dem
Fahrrad auf dem Wege nach dem Sudan, wo er seinen Urlaub ver-
bringen wollte. Er benutzte dazu einen der üblichen Pfade durch
den Busch, die ja vielfach eigentlich nur Wildwechsel sind. Dabei
sah er einen neugeborenen Elefanten auf dem Wege liegen, der anscheinend tot war. Natürlich hielt er an, um sich das Tier zu besehen,
aber als er herantrat, wurde ihm mit Schrecken klar, daß das Tierchen nicht tot war. Die Mutter kam aus einem Abstand von dreißig
Metern auf ihn zu.

Der Mann verdrückte sich schleunigst, doch zum Unglück ging
auch noch der Wind von ihm auf die Elefantenmutter zu. Sie beroch
ihr Kind mit dem Rüssel, dann bemerkte sie das Fahrrad und warf
es in einen Baum. Anschließend hob sie das Elefantenkind auf ihren
Stoßzähnen in die Höhe, indem sie es mit ihrem Rüssel darauf fest-
hielt, und trug es davon. Owong holte sich sein Fahrrad wieder,
das unbeschädigt war, und setzte seine Reise fort.

Einen noch aufregenderen Zwischenfall erlebte Justimian Tokwaro, Vorarbeiter unter den afrikanischen Wildhütern. Er wurde
auf der Straße von einem Elefanten angegriffen, mit dem Rüssel
gepackt und den Weg entlanggezogen. Tokwaro war geistesgegen-
wärtig genug, aus seiner Jacke zu schlüpfen; er stopfte sie in den
offenen Mund des Elefanten. Daraufhin ließ das Tier ihn fallen und
versuchte ihn auf der Erde zu durchbohren. Da Tokwaro aber recht
schlank gebaut ist, bohrten sich die beiden Stoßzähne zu beiden
Seiten seines Körpers in den Boden. Dann ließ der Elefant ihn liegen.
Offensichtlich war er durch das Geschrei der anderen Wildhüter
und der Träger aus dem nahe liegenden Wachposten Wairingo
beunruhigt.

Während wir weiterfahren, rollt eine Zeitlang eine Art Lieferwa-
gen vor uns her, den sich drei englische Lehrerinnen als Wohnge-
fährt eingerichtet haben. Sie haben schon halb Afrika damit durch-
quert und viele Nationalparks besichtigt. Eine von ihnen lenkt den

Kraftwagen, die beiden anderen liegen hinten drin, ihre nackten hellen Fußsohlen sehen zum Fenster heraus. Nur die Füße besichtigen die Gegend, die Mädchen dösen in der Hitze. So fahren sie an einer großen Herde Elefanten und an rund dreihundert Büffeln vorbei, ohne sich zu rühren. Man kann sich offensichtlich auch an Elefanten sattsehen. Das geht mir gegen den Strich, aber wir brauchen diese Besucher. Nur durch sie haben die Elefanten und die Löwen eine Aussicht, hier in Afrika wenigstens da und dort am Leben zu bleiben.

Während wir vom Murchison Falls-Park durch Uganda zum Elisabethpark fahren, kommen wir durch moderne Ortschaften, durch dichtbesiedelte Gegenden. Grüne Teepflanzungen ziehen sich die Hügel hinauf. Oben stehen die weißen breitgelagerten Häuser der Verwalter wie Schlösser. Die Landstraßen sind asphaltiert, mit einem weißen Strich in der Mitte. Nirgends eine Antilope, ein Zebra. Auch wo noch Wildnis ist, wo nicht einmal Eingeborenendörfer

An den Gestaden des Eduard-Sees leben etwa 35 000 Flußpferde. Wo innerhalb des Albert-Nationalparks des Kongo der Semliki-Fluß aus dem See herausströmt, kommt jeden Tag eine Gruppe Flußpferde zur Mittagszeit aus dem Wasser, um sich zwischen Pelikanen und Kormoranen (Phalacrocorax carbo) *für eine Stunde zu sonnen.*

oder Rinderherden zu finden sind, gibt es kein wildes Tier. Die Tsetsebekämpfer haben hier in den letzten Jahren Zehntausende von Elefanten, Büffeln, Antilopen, Warzenschweinen, Hyänen, Gazellen, Wasserböcken, Giraffen abgeschossen. Planmäßig, jedes Lebewesen, alles, was sich regt. Inzwischen hat sich herausgestellt, daß diese Art, die Tsetsefliege zu bekämpfen, wirkungslos ist – aber erst nachdem man zum Beispiel in Rhodesien innerhalb von fünfzehn Jahren dreihundertsiebenundfünfzigtausend Stück Wildtiere umgelegt hat. Sie saugt gar nicht nur das Blut dieser Tiere, sondern sie kann sich auch von dem Blut von kleinen Säugetieren in Erdlöchern am Leben erhalten, die man niemals ganz zu vernichten vermag.

So sieht es überall aus, wenn man von einem Nationalpark, einem Naturschutzgebiet zum anderen fährt. Es gibt nicht viele Nationalparks in Ostafrika: Kenia hat zwei, Uganda zwei und Tanganjika (jetzt Tansania) drei, davon zwei geradezu winzige. Das ist das wahre Bild des heutigen Afrika – eine weite, öde Landfläche. Aber neulich besuchte mich der Direktor einer großen Brauerei aus Irland mit einem reichen Besitzer von Milchkettenläden und dem Zoodirektor von Dublin. Nachdem sie die Nationalparks Ostafrikas besichtigt hatten, erklärten sie der Presse in Nairobi, sie wären erfreut, noch so viel Wildtiere in Afrika gesehen zu haben, und alles sei in bester Ordnung. Diese Besucher fliegen von einem Nationalpark zum anderen und bilden sich offensichtlich ein, die gleichen Elefanten- und Gnuherden, welche sie dort bewundern, bevölkern ganz Afrika. Dabei kann man, wenn man mit dem Auto durch das Land fährt, an den Bäumen und Büschen leicht sehen, daß hier in den letzten Jahren nie mehr ein Wildtier geweidet hat. Sofern man auf den Landstraßen nicht wenigstens hin und wieder Elefantenmist findet, weiß man, daß in der ganzen Gegend die Dickhäuter längst ausgestorben sind. Ein Elefant, der eine Autostraße überquert, regt sich nämlich auf und setzt fast unfehlbar Kot ab. Wo die Landstraßen durch Nationalparks gehen, sind sie mit Elefantenbollen übersät. Wo haben nur manche Leute ihre Augen, wenn sie tagelang mit dem Kraftwagen durch Ostafrika fahren? Daran sind zum Teil die Leiter der Game-Departments und Nationalparks schuld. Sie sollten solch ahnungslosen, angesehenen Besuchern die Augen öffnen. Es hilft nichts, sich nachträglich zu ärgern, wenn man dann ihre Presseverlautbarungen in Amerika oder Europa liest. Aber natürlich ist es menschlich, einflußreichen Besuchern zu zeigen, wie sehr man sich bemüht und daß man doch auch Erfolge hat, statt ihnen von Mängeln und Mißerfolgen zu berichten.

Abbildung links:
Der Sekretär (Sagittarius serpentarius), gewissermaßen ein Raubvogel auf Stelzen, kann ganze Haushühner-Eier hinunterwürgen, ohne sie zu zerdrükken. Seinen Namen hat er von den langen, manchmal abstehenden dunklen Federn am Hinterkopf. Sie ähneln der Schreibfeder, die sich früher ein Sekretär hinter das Ohr zu stecken pflegte. Dieser Raubvogel jagt zu Fuß.

Abbildung rechts:
Die Riedböcke (Redunca redunca) leben zwar einzeln oder bestenfalls paarweise, und trotzdem sah Vesey-Fitzgerald eines Oktoberabends während der Trockenzeit auf der Rukwa-Ebene im ostafrikanischen Großen Graben unlängst 255 Riedböcke versammelt, die gemeinsam die wildesten Sprünge und Tänze vollführten – anscheinend aus reinem Übermut und Lebensfreude. – Dieser weibliche Riedbock ist in der Serengeti geknipst.

Wir müssen wenigstens die paar Nationalparks verteidigen. Ich habe keinen Zweifel: nur dort wird ein kleiner Teil der schönen Großtiere jetzt die neuzeitliche Entwicklung Afrikas überleben. Ob es glückt, ist noch die Frage. Sonst sterben sie aus.

Gewiß, in vergangenen Jahrmillionen sind viele Tierarten auf der Erde ausgestorben, von denen wir nur noch Versteinerungen finden. Aber diese Tierarten sind nicht *spurlos* vergangen. Andere haben sich aus ihnen fortentwickelt, die verschieden von ihnen aussehen, jedoch das bunte Leben der Schöpfung auf Erden weitergeführt haben. Wenn die Wildtiere Afrikas nun aussterben, wird jedoch die Tierwelt des schönsten und buntesten Erdteils innerhalb eines Menschenlebens vernichtet sein. Von ihnen bleibt nichts übrig, und nichts kommt nach. Wir können die Verantwortung dafür nicht auf die Afrikaner abladen. Wir Weißen, wir Europäer tragen sie. Unsere Nachkommen werden uns davon nicht freisprechen.

Wenn Leute unseres Schlages durch Afrika reisen, so suchen sie ganz bestimmte Plätze auf. Einer davon ist in den letzten Jahren »Traveller's Rest« geworden, ein kleines Hotel, das der Deutsche Walter Baumgärtel in Kisoro, im Südzipfel von Uganda, gerade an der Grenze nach dem Kongo und nach Ruanda hin, eingerichtet hat. Er quält sich reichlich, sein hübsches Gasthaus ganz modern zu machen und in alle Gästezimmer Badewannen zu bringen.

Die Zukunft seines Hotels hängt sehr vom guten Willen einer Familie von Berggorillas ab. Sie ist nämlich der Grund, warum man dort hinfährt. Steigt man mit dem schwarzen erfahrenen Führer Reuben zwei Stunden lang steil eine zementierte Wasserleitung den Berg hinauf bis dorthin, wo das Wasser in einem Zementbecken gesammelt wird und wo der Urwald beginnt, dann hat man große Aussicht, diese Gruppe zu beobachten. Sie hat sich recht gut an Menschen gewöhnt. So etwas gab es bisher in Afrika nicht. Die wenigen guten Filmaufnahmen von Gorillas in scheinbarer Freiheit sind immer zustande gekommen, indem man mit einem Aufwand von Hunderten Eingeborenen die Menschenaffen entweder gefangen oder in eine Umzäunung getrieben und sie dort so gefilmt hat, daß man die Zäune nicht sehen konnte. Leider sind bei der Herstellung von berühmten Afrika-Filmen dabei noch obendrein Gorillas zu Dutzenden getötet worden, ohne daß der Filmbesucher das nachher ahnte. In Jagdberichten werden diese mächtigen Menschenaffen, die fast ausschließlich auf der Erde leben, immer als recht bösartig und angriffslustig dargestellt. Baumgärtels Gorillafamilie bestand ursprünglich aus einem großen Mann und fünf Weibern, die sich bei hellem Tageslicht zeigten. Eines Tages war der Gorillamann krank. Seine Familie blieb aber bei dem Sterbenden und verließ ihn auch nicht, als er tot war. Erst als sich Menschen näherten, liefen die Gorillafrauen weg. Dabei folgte ihnen eines der kleinen Kinder nicht, sondern blieb bei dem toten Vater. Dieses Gorillakind wurde von Baumgärtel gepflegt und ernährt; es lebt heute im Zoologischen Garten von London – einer der zwei Berggorillas, die es zur Zeit überhaupt außerhalb Afrikas gibt.

In den letzten Tagen haben sich die Gorillas nicht an ihrem Lieblingsplatz gezeigt, ja sie sind überhaupt gar nicht an diesen bewaldeten Hängen des Vulkanberges. Trotzdem klettere ich mit diesem

Nur von Pflanzen und gar nicht von tierischer Kost lebt der mächtigste
Menschenaffe, der Gorilla, im Gegensatz zum Schimpansen. Dieser junge
Flachlandgorilla (Gorilla gorilla) ist etwa anderthalb Jahre alt.

alten Reuben fünf Stunden lang in dem Bergwald umher. Mich beschäftigen die Spuren der Gorillas und das, was sie essen. Reuben zeigt mir die Pflanzen und Zweige, von denen sie leben, und ich koste sie. Sie schmecken meistens säuerlich oder bitter, nicht süß. Gerade will ich einen großen Baumpilz essen, den mir Reuben reicht, da fällt mir ein, was für ein Mißgeschick meine Freunde, die Wildwarte im Serengeti-Nationalpark vor einigen Monaten hatten. Sie hatten Pilze gekocht und gegessen, die in dem neuen Teil dieses Nationalparkes wachsen, und waren beinahe daran gestorben. Einer von ihnen lag vierzehn Tage im Bett.

Der Wald dieses Gorillaberges ist weite Strecken den Hang hinauf niedergeschlagen, damit die Eingeborenen neue Felder anlegen können. Hoffentlich bleibt Baumgärtels Gorillagruppe gesund, und hoffentlich kommt es ihr nicht in den Sinn, in eine andere Gegend umzuziehen, denn ohne sie würde das hübsche Hotel wohl wenig Besucher haben.

Der Haarschneider in einem kleinen Städtchen am Wege ist Inder und spricht nicht Englisch. Wir können uns nur ein bißchen auf Suaheli verständigen, und so kann er nicht herausbekommen, wo ich herkomme und was ich will. Ein Haarschneider, der sein Opfer nicht ausfragen kann, leidet körperliche Qualen, ob er nun braun oder weiß ist. Er hat seinen »Frisiersalon« mit gerahmten, selbst gemalten bunten Bildern von indischen Palästen und Traumschlössern ausgeschmückt. Weil Kraftwagen zu malen wohl zu schwierig war, hat er sie einfach aus Illustrierten ausgeschnitten und mitten in seine Gemälde hineingeklebt.

Dafür gerate ich mit meinem Nachbarn ins Gespräch, einem schwarzen Kraftfahrer aus Uganda. Sein Onkel ist Politiker und soll demnächst an einem Treffen in New York teilnehmen. Er kennt Amerika eigentlich nur aus Cowboy- und Kriminalfilmen. Deswegen hat er große Sorge, ob seinem Onkel in den Vereinigten Staaten nichts zustoßen würde, weil dort »überall die wildschießenden Cowboys herumreiten und Verbrecher hinter den Häusern lauern«.

Innerlich belustige ich mich über diese seltsamen Vorstellungen von Amerika. Dann fällt mir ein, daß ja auch meine Landsleute in Europa und die Amerikaner selbst ähnlich kindliche Vorstellungen von Afrika haben. Sie glauben, daß man dort überall von Giftschlangen, Löwen, Schlafkrankheit und »wilden Negern« bedroht sei. Schließlich haben sie ihre Vorstellung von Afrika umgekehrt aus ähnlichen Filmen und Büchern über den Schwarzen Erdteil gebildet wie die Afrikaner ihr Urteil über die USA. Man wird selbst gar zu leicht überheblich . . .

Zweiter Abschnitt
Was wird aus den Tieren am Kongo?
Was tun schwarze Regierungen mit den Nationalparks? – Der Präsident
saß im Käfig – Ein Held im Hintergrund – In Gastälern erstickt – Kommt
die Soldateska heute nacht? – Flucht über die Grenze – Können Nashörner
schwimmen? – De Leyn ermordet – Gizenga-Minister in Frankfurt

Ich liege in der Badehose unter der Äquatorsonne im Gras und
döse. Ein Stück unter mir kommt vom Wasser das dumpfe Brüllen
der Flußpferdbullen. Nach oben hin verbergen mich die Grasbü-
schel vor den Blicken der Besucher des »Mweya-Lodge«, der Besucherunterkunft im Königin Elisabeth-Nationalpark, dem großen
Naturschutzgebiet im zentralafrikanischen Staat Uganda. Er wird
noch von Briten beherrscht.

Ich kann von elf bis zwei Uhr mittags wirklich nichts Besseres
tun, als mich in neunhundert Meter Höhe von der Tropensonne
bräunen zu lassen. An den Elefanten, Büffeln, Löwen ist jetzt nichts
zu beobachten; sie stehen schläfrig im Schatten der wenigen Bäume.
Wollte ich den einsamen Elefantenriesen da vor mir auf der Halbin-
sel filmen und knipsen, so hätte er später auf den Bildern tief-
schwarze Beine und einen grellgleißenden Rücken, denn die Sonne
brennt jetzt senkrecht auf ihn herab.

So bleibt mir nur übrig, über den weiten, glitzernden Eduard-See
zu blicken, bis hinüber zu dem dunstig verschwimmenden anderen
Ufer, das zur Kongorepublik gehört. Ich mache die Augen zu. So
sehe ich noch klarer und noch weiter hinüber.

Da drüben liegt Ishango, wo ich mit meinem Sohn Michael zusammen den Film ›Kein Platz für wilde Tiere‹ gedreht habe. Dort
fließt der Semliki-Nil aus dem Eduard-See hinaus. Tausend
schwarz-weiße Kormorane baden da in den Fluten, tausend Pelikane
segeln abends in langen Ketten nach den Bergen hin. Kiboko, der
mächtige Flußpferdbulle, ein Held in unserem Film, liegt um diese
Tageszeit da drüben wie ich am Ufer und sonnt sich, umgeben von
seinen Weibern und Kindern.

Liegt er wirklich noch dort? Was ist aus unseren Schützlingen
im früheren Belgisch-Kongo in der letzten Zeit geworden?

Gedanken über Gedanken.

Dort drüben schleppte sich eine schwerverwundete Elefantenkuh
auf drei Beinen in die Wasser des Eduard-Sees, um die rasenden

Schmerzen zu kühlen. Der stumme Tod dieses Tieres in den Wellen hat sich tausendfach auf der Leinwand in den Lichtspielhäusern wiederholt und hat die Herzen von Millionen in allen Ländern der Erde für die letzten wilden Tiere Afrikas erwärmt. War das alles vergebens? In europäischen Zeitungen konnte man lesen, daß die Schwarzen in den selbständig gewordenen Staaten sinnlos alle geschützten Tiere hinmetzeln.

Die Luft Zentralafrikas ist jetzt in der »kleinen Trockenzeit« diesig vom Rauch der ungezählten Grasfeuer. Nur schattenhaft sehe ich über dem See die Gipfel der mächtigen Vulkane. Auf einem von ihnen liegt, Tausende Meter hoch, seit über drei Jahrzehnten das einsame Grab des amerikanischen Naturforschers Carl Akeley. Er hatte als erster die steifen »ausgestopften« Tiere in den Naturkundemuseen durch täuschend lebenswahre Gestalten in einem Ausschnitt ihrer heimatlichen Landschaft ersetzt; seine berühmten, mit dem Auge des Künstlers und dem Geschick des Ausstopfers geschaffenen Tiergruppen im Naturhistorischen Museum von New York sind von allen Schausammlungen der Welt nachgeahmt worden.

Weit hinaus bis auf das baum- und buschlose flache Gelände dicht an den Salzflächen des halb ausgetrockneten Sees gehen die Giraffen hier im Manyara-Nationalpark in Tanganjika (heute Tansania). Wahrscheinlich wollen sie für eine Weile den Stechfliegen im Gebüsch entkommen.

Die buntgescheckten afrikanischen Wildhunde (Lycaon pictus) *sind als afrikanische Großraubtiere wenig bekannt. Sie haben mit Hyänen nichts zu
tun, sondern sind richtige Wildhunde und gehen von allen Raubtieren wohl
am seltensten an Aas. So bunt und unregelmäßig sie auch gelb, schwarz
und weiß gescheckt sein mögen – die Ohren sind immer schwarz und die
Schwanzspitze weiß.*

44

Der Schreiseeadler (Haliæëtus vocifer) *läßt von allen Adlerarten am häufig-*
sten seine Stimme ertönen. Die Adlerpaare haben ihr Jagdgebiet an den Flüs-
sen Afrikas südlich der Sahara und sitzen dort auf hohen Bäumen am Ufer.
Sie greifen im Fluge die Fische aus dem Wasser heraus.

45

Dieser Carl Akeley hat in mehreren Expeditionen das Land dort drüben auf der vormals belgischen Seite des Eduard-Sees erforscht; er ist in das Gelände der Berggorillas vorgedrungen und hat den belgischen König Albert bewogen, 1929 den herrlichen Albert-Nationalpark zu schaffen. Dreihundert Kilometer lang und fünfzig Kilometer breit umschließt er den ewigen Schnee des Ruwenzori-Gebirges, heiße Quellen, den Eduard-See, den Nil, weite Ebenen voll Büffel- und Antilopenherden, Urwälder und Steppen. Der vollbärtige König der Belgier, Leopold II., hatte mehrere kleine Teile dieser wilden Landschaft schon vor über vier Jahrzehnten unter Naturschutz gestellt.

Solche einsamen Gräber finden sich hier und dort in diesem Schwarzen Erdteil. Grabhügel von Männern, jungen und alten, die ihr Leben hingegeben haben, um Löwen und Elefanten, Giraffen, Nashörner und Leoparden als Zeugen einer paradiesischen Wildnis gegen Habgier und Unverstand für die Nachwelt zu erhalten. Andere Männer leben und arbeiten, vielleicht kaum hundert in ganz Afrika: Briten und Buren, Belgier und Franzosen, Afrikaner und auch einige Deutsche als Forscher, als Wildwarte in Nationalparks und Naturschutzgebieten. Sie alle sind heute bedrückt und unsicher. Die afrikanischen Länder werden unabhängige Staaten, ein Land früher, das andere später. Werden die mühsam gehegten Schutzgebiete im Wirrwarr des politischen Umsturzes dann nicht untergehen? Werden die neuen schwarzen Herren willens und fähig sein, die letzten Tiere ihrer Heimat weiter zu schützen? Oder werden sie, genau wie wir Europäer früher, in ihnen nur Schädlinge ihrer Pflanzungen und Beutestücke für blutige Jagden sehen? Werden ihnen nicht Schulen, Straßen, Fabriken, Kraftwagen, Heere und Flugzeuge wichtiger sein als Strauße, Gazellen und Flamingoscharen? Lohnt sich unsere Arbeit noch, fragen sich die weißen Wildwarte und erkundigen sich schon heimlich nach einem Posten als Tankstellenverwalter in Australien oder Forstaufseher in Kanada.

Darum zieht es mich so sehr dort hinüber nach der Kongoseite dieses Eduard-Sees, der viermal so groß ist wie unser Bodensee in Europa. Leute meines Schlages möchten wissen, was aus unserer Arbeit unter schwarzer Herrschaft wird. Im Sudan am oberen Nil, der 1955 selbständig wurde, sind die Dinge ein wenig besser gelaufen, als wir erhofft hatten. Man hat dort offensichtlich scharf gegen Wilddiebe durchgegriffen. Während früher ständig welche über die Grenzen nach den Schutzgebieten des Belgischen Kongo kamen, hörte das bald auf, nachdem die Afrikaner im Sudan selber regieren. Letzten Sommer war Herr Medani, der afrikanische Beamte für

Die Rinder der Watussi von Ruanda-Burundi haben überlange Hörner, so wie man sie schon auf alten ägyptischen Kunstwerken findet. Die hochgewachsenen Watussi und Massai sind vermutlich mit ihren Rinderherden von dort aus eingewandert. Die moderne Tiermedizin hat durch die erfolgreiche Bekämpfung der Rinderpest und anderer Seuchen diesen Stämmen und allen Afrikanern die Möglichkeit gegeben, ihre Rinderherden ganz nach Belieben zu vervielfachen, und zwar kaum zu Zwecken der Ernährung, sondern weil große Herden Macht und Ansehen des Besitzers ausdrücken. Dadurch, daß die Kolonialverwaltungen nicht auf andere Weise die Rinderzahl klein gehalten haben, sind große Teile Afrikas durch Überweidung endgültig in Wüste verwandelt worden.

Forsten und Naturschutz in der Sudanverwaltung, ein paar Tage bei mir in Frankfurt zu Gast. Die Afrikaner sind auch hier – sehr im Gegensatz zu den Arabern – daran interessiert, die alten Nationalparke wieder erstehen zu lassen, neue zu schaffen, die Natur und die Tiere ihres Landes zu schützen. Aber es fehlt an Geld dafür, an ausgebildeten afrikanischen Beamten.

Auch hier drüben im Kongo, im Albertpark (heute Virunga-Nationalpark), haben sich unerwartete Dinge ereignet, nachdem die Belgier am 1. Juli 1960 abzogen.

Mein Freund Professor Dr. Victor van Straelen in Brüssel, der Leiter aller Nationalparks im früheren Belgisch-Kongo, hatte seit

47

Im Sumpf an dem Ufer des salzigen Manyara-Sees von Tanganjika fanden wir ein schon fast versunkenes junges Gnu. Drei Mann mußten sich an den Händen fassen, um es mühsam herauszuziehen. Ich stand dabei und knipste den Vorgang. Es wurden aber nur zwei Bilder. Das dritte wurde nicht mehr geschossen, denn da lag ich schon auf dem Rücken, hielt das undankbare, angreifende junge Gnu mühsam an den Hörnern fest, während meine Licht-bildgeräte im Schmutz verstreut waren. Schade, gerade das wäre das hüb-scheste Bild geworden.

Einen kleinen See in der Nähe des berühmten Ngorongoro-Kraters in Tanganjika fand ich ganz eingesäumt von Abertausenden rosaroter Flamingos.

Jahrzehnten darüber geklagt, daß es nicht möglich war, die Rinderherden der Watussi aus dem Albertpark herauszuhalten. Diese Watussi im angrenzenden Ruanda, das früher zu Deutsch-Ostafrika gehört hat, sind ein schlankgewachsener, selbstbewußter Hirtenstamm. Sie halten ungeheure Rinderherden, ohne sie zu schlachten oder zu melken, nur als Zeichen ihres Reichtums und ihrer Macht. Dadurch haben sie ihr Land überweidet und verwüstet. Diese Watussi oder Tutsi, die unseren Massai in der Serengeti stammesverwandt sind, trieben immer wieder ihre Herden in den Albertpark, und zwar in das Gebirge, das die Heimat der letzten seltenen Berggorillas ist. Die hochmütigen Watussi jagen und töten keine Berggorillas. Aber ihre Rinder zerstören das Busch- und Waldgelände, das diese riesigen Menschenaffen zum Leben brauchen. Professor van Straelen konnte niemals erreichen, daß die belgische Verwaltung nachdrücklich und streng gegen die Watussi vorging. Europäische Kolonialregierungen fürchteten stets, als eingeborenenfeindlich zu gelten. Die Watussi haben obendrein mächtige, einflußreiche alte Königsfamilien, sie regierten Millionen unterworfene Bantus. So zogen ihre Herden immer weiter in den berühmten Albertpark und schnitten den Berggorillas den Lebensfaden ab. Noch im Frühjahr 1959 war ein verzweifelter Hilferuf von Professor van Straelen in den meisten Fachzeitungen der Welt erschienen.

Was mir daher der junge amerikanische Wissenschafter Dr. George Schaller wenige Wochen nach der »Machtübernahme« im Kongo mitteilte, war fast zu schön, war weit besser, als wir zu hoffen gewagt hatten. Dr. Schaller hielt sich auf Kosten der amerikanischen Fulbright-Stiftung im Kongo auf, um im Vulkangebiet das Leben der unbekannten Berggorillas zu erforschen. Er hat von diesen freundlichen schwarzen Urwaldriesen Dinge entdeckt und Bilder aufgenommen, wie wir sie bis jetzt noch nicht kannten.

Auch Dr. Schaller, der beim Umsturz geflüchtet war, hatte genau wie ich und andere befreundete Wissenschafter schon kurz nach dem Selbständigwerden des Kongo einen langen Bericht über die Zustände im Albertpark bekommen. Ein schwarzer Wildhüter aus dem angrenzenden britischen Königin-Elisabeth-Nationalpark war mit ein paar anderen englischen Afrikanern sogleich mutig in einem Kraftwagen über die Grenze gefahren und hatte sich umgesehen, wie es jetzt nach dem Abzug der Belgier aussah. Er fand verlassene Häuser, verhungerte, verwesende Hunde in den abgesperrten Hotels, Krankenhäuser ohne Ärzte, betrunkene schwarze Großsprecher, umgestürzte Kraftwagen. Aber die alten afrikanischen Wildhüter waren eifrig dabei, den Nationalpark weiter gegen Wilddiebe

Abbildung links:
Dieser Elefant, den ich im Murchison Falls-Nationalpark aufnahm, ist mit dem Rüssel in die Drahtschlinge eines Wilddiebes geraten. Der Draht hat sich immer tiefer eingeschnürt und rings um den Rüssel eine schwärende Wunde und wucherndes »wildes Fleisch« verursacht. Der Wildwart ging am nächsten Tag hin, suchte das Tier und erlöste es mit einer Kugel. Unlängst fand man einen Elefanten, dem der Rüssel von einer solchen Schlinge durchschnitten und abgerissen war.

Abbildung rechts:
Wie sperrt man wilde Elefanten ein, damit sie aus einem Schutzgebiet oder gar einem Nationalpark nicht ausbrechen, in benachbarte Farmen gehen und dort sofort abgeschossen werden? Der Zaun an einem Ende des Manyara-Nationalparks, den der Wildwart Morgan-Davies hier zeigt, ist aus straff angespannten alten Drahtseilen gemacht. Sie werden gehalten von Eisenbahnschienen, die in Betonblöcke eingelassen sind. Bisher hat dieser Zaun gehalten. Leider hindert er aber auch umgekehrt flüchtende Elefanten, die verfolgt werden, sich in den Nationalpark hineinzuretten.

und Eindringlinge zu verteidigen! Der neuernannte schwarze Richter in Beni verhängte für Wilddieberei sechs Monate Gefängnis statt drei Monate wie sein belgischer Vorgänger. Ein guter Bekannter von mir, der belgische Nationalpark-Beamte Kint, saß zwei Tage selbst in Beni im Gefängnis, zusammen mit den Wilddieben, die er vorher eingeliefert hatte. Seine schwarzen Untergebenen hatten ihm übelgenommen, daß er alle Waffen des Parkes vorsichtshalber an die Grenze gebracht und den britischen Zollbeamten übergeben hatte. Er hat mich später mit seiner Frau in Frankfurt besucht.

Das schlimmste aber war: die Schar der afrikanischen Wildhüter war wohl willens weiterzuarbeiten, zumindest solange jemand ihr Gehalt bezahlte. Aber ihre Führer waren geflohen. Es gab keine Afrikaner, die dazu erzogen und gebildet waren, an ihre Stelle zu treten. »Die Leute kommen mir vor wie eine Schar Hühner, die aufgeregt umherrennen, während Raubvögel am Himmel kreisen«, schrieb uns der Afrikaner aus Uganda, nachdem er mit seinen Begleitern unbehelligt durch den Aufruhr der ersten Revolutionstage gereist war.

Als der Amerikaner Dr. Schaller ein paar Wochen nach dem Umsturz in sein altes Arbeitsgebiet zu den Berggorillas im Albertpark zurückkam, fand er es mehr denn je überschwemmt von Watussirindern. Schaller wandte sich an den neuernannten afrikanischen Präsidenten der reichen Kiwuprovinz des Kongo, in welcher der Albertpark liegt. Dieser Präsident, Jean Miruho, war der Führer der europäerfeindlichen Partei gewesen. Nachdem er die Verwaltung der Kiwuprovinz übernahm, ließ er aber die Schwarzen ins Gefängnis setzen, welche nach Abzug der belgischen Farmer vereinzelt in deren Häuser eingezogen waren. Herr Miruho gab Dr. Schaller Soldaten in das Berggorillagebiet mit. Sie schossen zwölf Watussikühe tot, beschlagnahmten weitere sechsundfünfzig und nahmen sie zur Strafe mit. Seitdem war das Berggorillagebiet zum erstenmal seit vierzig Jahren völlig frei von Rinderherden. Nur hin und wieder streiften in der ersten Zeit ein paar Watussikrieger umher, die hofften, Dr. Schaller unbewaffnet anzutreffen. Der ist übrigens jetzt weit weg; ich bekam später eine Postkarte von ihm aus Borneo, wo er im fernen Ostasien das Leben einer anderen großen Menschenaffenart, der Orang-Utans, erforschen will.

Damals aber bat er mich, ich sollte doch an Jean Miruho einen Dank- und Lobbrief in französischer Sprache schreiben. Und ich sollte andere europäische Wissenschafter und Politiker veranlassen, das gleiche zu tun. Das habe ich natürlich gemacht. Als Antwort schrieb mir Präsident Miruho, der Park sei – nach den ersten »Prügelwochen« ohne Verwaltung – jetzt in guter Ordnung. Er bemühe sich sehr, dieses herrliche Stück Natur und diesen Gemeinbesitz aller Menschen zu erhalten. Aber ohne Besucher sei das schwer zu machen. »Schicken Sie Touristen in unsere leeren Hotels!«

»Besucher heute nach dem Kongo – das wage ich nicht«, war meine Antwort – und so wurde ich freundlich eingeladen, selbst hinzukommen und mich zu überzeugen.

*Während ich auf einem hohen Termitenhügel am Ufer eines Teiches im
Tarangire-Schutzgebiet in Tanganjika saß und filmte, wie dieses Elefantenkind mit seiner Mutter spielte, waren unbemerkt und lautlos zwei andere,
große Elefanten, die dazugehörten, um den Tümpel herumgekommen und
standen auf einmal ganz dicht hinter mir. Ich erschrak und wollte schon
von meiner rötlichen Termiten-Festung das steile Ufer hinunter ins Wasser
springen. Aber die Elefanten hatten mich vorher ebensowenig gesehen wie
ich sie. Sie erschraken nicht minder und verschwanden blitzschnell.*

53

Nun bin ich da, und der bejahrte Mr. Trimmer hat mit besorgter Miene den Kopf geschüttelt. Er ist Direktor des Königin Elisabeth-Nationalparkes, der auf der englischen Ugandaseite unmittelbar an den Albertpark im Kongo angrenzt. Weder Mr. Trimmer noch sein neuer Mitarbeiter Mr. Paige, der aus Ceylon stammt, sind seit dem Selbständigwerden des Kongo jemals über die Grenze gefahren. »Ich weiß nicht, was drüben vorgeht«, sagt er. »In den letzten Tagen kommen so viele Flüchtlinge über die Grenze. Wahrscheinlich rükken die Lumumbaanhänger aus der Ostprovinz von Stanleyville (jetzt Kisangani) aus vor. Ich kann Ihnen nicht zuraten, ja, ich kann es eigentlich gar nicht verantworten, Sie fahren zu lassen.«

Auf seinen Wunsch fahre ich mit Alan Root, meinem jungen englischen Begleiter, in unserem Geländewagen über hundert Kilometer zurück bis nach Kasese, dem britischen Polizeihauptquartier. Der

Elefanten legen mitunter aus reiner Spielerei Telegraphenpfähle und Wegweiser um. Andererseits gehen sie gern auf glattgetretenen Pfaden und Straßen und legen keinen besonderen Wert darauf, ohne Not mit den immerhin weichen Sohlen auf spitze Steine zu treten. Deswegen haben die Wildwarte hier, im Tsavo-Nationalpark von Kenia, im Umkreis von mehreren Metern scharfe Steinbrocken um den Wegweiser gelegt. Bisher haben ihn die Elefanten daraufhin in Ruhe gelassen.

schneidige Polizeioffizier sagt uns dasselbe. Was man an Rundfunksendungen von drüben auffängt, klingt verdächtig.

Nun bin ich wirklich kein Held und habe nicht den Ehrgeiz, in einen Bürgerkrieg zu geraten. Aber die Berichte, was die Schwarzen mit unseren Naturschutzgebieten getan hätten, sind so widersprechend. Ich bin nun einmal zehntausend Kilometer von Frankfurt bis hierher gereist. So möchte ich mich mit eigenen Augen überzeugen.

Wir fahren am nächsten Morgen wenigstens bis an die Grenze nach Ishasha. Unser Geländewagen ist Alans einziger größerer Besitz. Die Kraftwagenversicherungen haben sich geweigert, für Schäden im Kongo aufzukommen. So verlangt Alan, daß ich ihm vorher schriftlich gebe, ich würde ihm den Geländewagen ersetzen, falls er uns drüben abgenommen wird. Solch ein schwerer Landrover mit Vierradantrieb für zehn Insassen kostet mehr als ein großer Mercedes. Ich kann es ihm nachfühlen.

Die Straße von Uganda nach dem Kongo südlich um den Eduard-See herum ist erst ein paar Jahre alt. Als ich das letztemal mit Michael zusammen hier war, baute man gerade daran, und sie endete noch blind mitten im Urwald. Hier an dieser Stelle hielt uns damals der Afrikaner mit einem Fahrrad an. Er bat uns, ihn aufzuladen und mitzunehmen. Ein paar hundert Meter weiter stand nämlich ein mächtiger Elefantenbulle und machte ständig Miene, anzugreifen, wenn der Mann mit seinem Fahrrad vorbei wollte. Wir luden ihn auf und fuhren auf den Bullen zu. Die Straßenbauer hatten mit ihren riesigen Maschinen die Erde rechts und links neben dem Fahrdamm in Gräben ausgehoben und sie in der Mitte als Straßenuntergrund zusammengeschüttet. In den leeren Gräben hatte sich Wasser angesammelt, und der große Elefant vergnügte sich darin. Als wir vorbeifuhren, nahm er auch das Auto an. Wir gaben Gas, sausten vorbei, und er war befriedigt, uns in die Flucht geschlagen zu haben.

Heute ist kein Elefant hier, aber ungezählte Misthaufen auf der Straße verraten, daß mehrere Elefantenherden in der Nacht über sie hinweggezogen sein müssen. Wie wir dann weiter im Neunzig-Kilometer-Tempo durch Busch- und Waldgebiet fahren, steht immer wieder da oder dort ein Dickhäuter neben der Straße. Zu Fuß möchte ich hier nicht entlanggehen. Aber das tut ja auch niemand, die Gegend ist unbesiedelt. Hunderte, Tausende von Topis – rindergroße, rotbraune Antilopen mit Ziegengehörnen und knallgelben Beinen – weiden in den Niederungen zwischen der neuen Straße und dem Eduard See. Wir haben keine Zeit zum Filmen, wir wollen frühzeitig an die Kongogrenze kommen.

Der afrikanische Marabu (Leptoptilus crumeniferus) *ist ein mächtiger Stor-*
chenvogel von fünf bis sechs Kilogramm, der sich am Aas mit seinem gewalti-
gen Schnabel auch bei den großen Geiern Achtung verschafft. Wenn er sich
wohl fühlt, bläst er seinen Kehlsack auf (siehe auch Seite 64).

Wenn Sie näher hinsehen, können Sie entdecken, daß an jedem dieser beiden Spitzlippen-Nashörner im Manyara-Nationalpark ein Rotschnäbliger Madenhacker (Buphagus erythrorynchus) hängt, der in ein Nasenloch pickt. Die Großtiere dulden diese Zecken und Fliegen suchenden Vögel, obwohl das Festhalten mit ihren Beinen sicher auch unangenehm ist.

Im Ngorongoro-Krater haben die Gnus (Gorgon taurinus hecki) *in diesem Jahr das erste Jungtier geboren. Ein paar Tage und gar Wochen später wird eine Unzahl Gnukinder umherlaufen. Das erste aber ist für die anderen großen Gnus in der Herde ein aufregendes Ereignis. Eine ganze Prozession von Onkeln und Tanten folgt dem kleinen Ding, um es zu beschnuppern.*

Der Schlagbaum mit der britischen Flagge sperrt die Straße gerade dort, wo sie über eine Brücke führt. Ein baumlanger uniformierter Afrikaner grüßt höflich. Das Zollgebäude ist nagelneu, modern und kühl; die britischen Zollbeamten sind Inder. Sie können uns auch nicht mehr als Mr. Trimmer und der Polizeioffizier darüber erzählen, was drüben vorgeht. Europäer sind in den letzten Tagen nicht über die Grenze gekommen, nur Benzintankwagen rollen noch hinüber, aber natürlich mit schwarzen Fahrern.

Was denn die schwarzen kongolesischen Zollbeamten hinter dem anderen Schlagbaum erzählen? Doch die indischen Briten sprechen nur Englisch, die schwarzen kongolesischen Zollbeamten nur Französisch. Man kann sich nicht verständigen, man hat gar keine Fühlung miteinander.

Über die Brücke zu fahren wage ich noch. Tanken müssen wir sowieso auf der anderen Seite des Kongo, diesseits ist keine Tankstelle. Wir packen also alles aus, was wir nicht unbedingt brauchen, und lassen es im Uganda-Zollgebäude. Nur die notwendigsten Filmgeräte, Fotoapparate und unser Schlafzeug nehmen wir mit.

Immer wieder wundert man sich, daß solche ganzen Gehege von jungen Straußen aufkommen, obwohl die Eltern so offen frei im Gelände brüten. Im Nairobi-Nationalpark gerieten vor zwei Jahren Löwenkinder über ein Straußennest, spielten mit den Eiern und verstreuten sie in weitem Umkreis über das Gelände. Am nächsten Morgen hatte die Straußenmutter alle Eier wieder zusammengesammelt und brütete weiter auf ihnen.

Drüben weht am hohen weißen Mast die blaue Flagge des Kongo mit dem großen goldenen Stern und den sechs kleinen Sternen in einer Reihe daneben. Diese Flagge ist keineswegs neu, sie flattert schon über dem Kongogebiet, seitdem es 1885 auf der Tagung in Berlin unter dem Vorsitz Bismarcks als unabhängiger, selbständiger Staat mit dem Monarchen Leopold II. von Belgien durch die Groß-mächte anerkannt worden ist. Erst 1908 übernahm das belgische Abgeordnetenhaus widerstrebend diesen Eigenstaat seines Königs als Kolonie. Aber auch dann wehte der goldene Stern auf blauem Grund gleichberechtigt im Kongo neben der belgischen Flagge. Es macht Spaß, mit den schwarzen Zöllnern mal wieder Französisch zu sprechen. In unserer ersten afrikanischen Zeit waren mein Sohn Michael und ich immer in französischen oder belgischen Kolonien in Westafrika.

Ich habe ein Visum für die Kongorepublik in meinen Paß gestempelt bekommen. Seitdem die Belgier nichts mehr damit zu tun haben,

Im September blüht die Aloe an den Loita-Ebenen in Kenia.

wird der Kongo von der Tunesischen Botschaft in Bonn vertreten, und ich habe niemals so schnell ein Visum für den Kongo erhalten wie diesmal. Aber die kongolesischen Zollbeamten halten nicht viel davon. Sie lassen mich lieber eigene Fragebogen ausfüllen und geben uns an Ort und Stelle eine Einreiseerlaubnis. Es sind freundliche und höfliche Leute. Langsam werde ich mit ihnen warm. Sie sollten einmal ganz ehrlich sagen, ob *sie* hinüberfahren würden, wenn sie Weiße und Europäer wären. Der Afrikaner vor mir sieht mich eine Weile nachdenklich an. Dann meint er: Ja, heute und sicher wohl auch morgen sei wohl kaum eine Gefahr. Aber ich solle nur bis da und dahin fahren und nicht dorthin. Präsident Miruho ist nicht mehr in Bukavu, sondern in Stanleyville. Ob als Gast oder als Gefangener, weiß man hier am Zoll nicht. Die Grenze liegt so weit weg von den nächsten Ortschaften.

Während Alan tankt, trinke ich eine eisgekühlte Cola in einer einsamen, kleinen Gastwirtschaft, die neben dem Zollgebäude steht. Der schwarze Inhaber meint auch, wir könnten ruhig in den Albertpark fahren. Aber wir sollten uns in dem Ort Rutshuru, den wir zu durchqueren haben, und in den anderen Ortschaften hinterher nicht aufhalten, sondern glatt durchfahren. Ich halte mit Alan Kriegsrat. Er soll selbst mit entscheiden; ich möchte keine Vorwürfe hören, wenn wir irgendwo in einem schwarzen Gefängnis landen.

Außer dem Umstand, daß wir jetzt rechts fahren müssen, sieht die Straße und das Land nicht anders aus. Aber man sieht nur noch schwarze Gesichter. Ein uniformierter junger Mann winkt, wohl ein Soldat, und wir nehmen ihn mit. In einer Ortschaft steigen zwei schick angezogene schwarze Herren aus einem fabrikneuen Opel Olympia und sehen uns erstaunt nach. Daran, daß ich Alan ständig auf französisch anspreche, merke ich, daß ich ein wenig aufgeregt bin. Unser Fahrgast erzählt uns, daß vor ein paar Tagen Soldaten der Lumumbapartei aus Stanleyville, der Hauptstadt der Ostprovinz, hier durchgefahren sind. Sie sind aber wieder zurückgekommen, niemand hat versucht, sie aufzuhalten. Die schwarze Bevölkerung hier will nur ihre Ruhe haben. So wie Katanga die reichste Industrieprovinz des Kongo ist, hat der Kiwu die bestentwickelte, blühende Landwirtschaft. Katanga und Kiwu sind die Perlen des Kongo. Bis jetzt war seit dem Selbständigwerden in Kiwu alles ruhig. Aber niemand weiß, was kommt. Es liegt eine unheimliche Ruhe über den Bergen und Ebenen.

Alan hält den Zeiger am Geschwindigkeitsmesser unseres Wagens immer zwischen fünfzig bis sechzig Meilen, das sind achtzig bis neunzig Stundenkilometer.

Abbildung links:
Das Okapi (Okapia johnstoni), *das man 1900 entdeckte, ist gewissermaßen eine »kurzhalsige Waldgiraffe«. Ein derart auffälliges, bald pferdegroßes Tier wurde seitdem in Afrika nicht wieder entdeckt. Obwohl das Okapi nur in einem kleinen Teil der Kongorepublik vorkommt, sind seine Bestände dort im Urwald ausreichend. Auch in den Zoologischen Gärten pflanzen sich Okapis in den letzten Jahren fort.*

Abbildung rechts:
Eines frühen Morgens im Juli 1958 stand im offenen Krankenhausgarten von Voi (Stadt am Tsavo-Nationalpark) ein Kleiner Kudu (Tragelaphus imberbis), *der eine Drahtschlinge mit einem großen Stück Holz daran um den Hals trug. Er blieb ganz ruhig stehen, bis der diensttuende Doktor um neun Uhr die Drahtschlinge entfernte. Dann ging das Tier weg. Dieser Kleine Kudu hier ist im Tarangire-Schutzgebiet in Tanganjika aufgenommen.*

Die große und einzige Verbindungsstraße zwischen Stanleyville am Kongostrom und der modernen Großstadt Bukavu am Kiwu-See und weiter nach Katanga führt erst durch den Kongourwald, den Ituri, wo die Okapis leben. Die Okapifangstelle ist verlassen, wie ich höre. Mein Freund De Medina, der sie leitet, ist mit den letzten acht Okapis nach Stanleyville gezogen. Er ist Afrikaner. Es ist uns nicht geglückt, diese Okapis aus dem Kongo herauszufliegen. Ob sie in Stanleyville noch leben, weiß niemand. Aber das neue Gasthaus bei der Okapifangstelle ist nicht niedergebrannt, wie ich in Europa gehört hatte.

Die Hauptstraße, auf der die Lumumbaanhänger nach Bukavu und Katanga vorrücken müssen, kommt von dort über das Gebirge und führt dann mitten durch den Albert-Nationalpark. Sie ist natürlich nicht asphaltiert. Wie auf fast allen afrikanischen Straßen staubt der gewachsene Boden scheußlich, und in der Regenzeit wird sie hier und da für einige Stunden oder gar Tage unbefahrbar. Dann muß man warten, bis die Sonne sie wieder trocknet. Wie oft sind wir früher diese Straße gefahren.

Die Wohnhäuser der Parkwachen am Eingang zum Albertpark sind unverändert. Die blau-gelben Emailleschilder leuchten wie früher. Wir grüßen und fahren ein paar Stunden weiter in das Naturschutzgebiet hinein, nach dem »Lodge«, dem Hauptunterkunftsort für Reisende, einer Art Hotel. Viele Besucher haben in den letzten zwanzig Jahren dort in Ruindi übernachtet.

Dreißig, vierzig Meter neben der Straße stehen die schwarzen Büffelbullen und käuen wieder. Hausrinderbullen würde man in Bayern vorsichtshalber mit Stacheldrahtzäunen von der Straße absperren. Aber die gefürchteten »bösartigen, angriffslustigen« Büffel wenden nicht den Kopf nach dem Kraftwagen. Wenn im letzten halben Jahr hier gejagt und geschossen worden wäre, würden sie sich anders benehmen.

Hier an dieser Stelle haben Michael und ich vor Jahren einmal einen ganzen Tag lang gewartet, weil die Brücke halb zusammengebrochen war. Als dann niemand kam, um sie wiederherzustellen, und als sogar ein Lastwagen mit einem jungen Belgier darauf vorsichtig über das schräg zur Seite hängende, schwankende Gebilde fuhr, sind wir damals mit Herzklopfen hinterhergefahren. Heute führt eine feste Zementbrücke über diese Schlucht.

Mitten in der verbrannten, trockenen Steppe liegt der flache, breite rote Fachwerkbau des Ruindi-Lodge, von außen so bescheiden, aber innen eine neuzeitliche saubere Gaststätte in der Wildnis. In zwei langen Doppelreihen stehen dahinter die runden Gästehütten. Sie sind mit Stroh bedeckt, weil das hübscher in die Landschaft paßt und die Sonnenglut abhält. Doch darunter ist ein festes Blechdach, und in jeder dieser »Negerhütten« findet man ein Gastzimmer mit neuzeitlichen Betten, Nachttischen, einem gekachelten Bad, Badewanne und Toilette mit fließendem Wasser, elektrischem Licht. Was wird aus diesem fortschrittlichen Hotel mitten in der Wildnis nach sechs Monaten schwarzer Herrschaft geworden sein...

Boys kommen und tragen uns das Gepäck aus dem Wagen. Im Speiseraum sitzen an den Tischen ein paar Schwarze und trinken Bier. Es ist eine altvertraute Marke, »Primus« – in Bukavu wird also noch Bier gebraut. Alle Tische sind mit schneeweißen, sauberen Tischtüchern gedeckt. Wir setzen uns an einen der Tische, und schon bringt uns ein Ober, von Kopf bis Fuß makellos weiß gekleidet, die Speisenkarte. Seit langen Zeiten sind wir die ersten europäischen

*Der Kropfsack des Kropfstorches oder Marabus (Leptoptilus crumeniferus),
der besonders gut auf Seite 56 zu sehen ist, hat gar nichts mit einem Kropf
zu tun. Er würde besser »Halssack« genannt. Er kann, besonders bei Kälte,
ganz im Gefieder verborgen werden und wird dann, wie bei den meisten
Tieren auf diesem Bild am Eduard-See, ganz von den weißlichen Halsfedern
verdeckt. Dieser »Halssack« kann erröten, er kann zusammenschrumpfen
und auch aufgeblasen werden. Dieser Sack ist nicht wie bei Haushühnern
oder Gänsen eine Ausweitung des Schlundes.*

Der Mauszwergmaki (Microcebus murinus) *ist ein kleiner Halbaffe, der nur auf der großen afrikanischen Insel Madagaskar lebt, und zwar fast allein von Insekten, die er vor allem nachts fängt. Der Schwanz ist länger als das ganze Körperchen von 12,5 cm.*

Gäste, und wir sind ganz unerwartet eingetroffen. In den vergangenen Monaten waren noch hin und wieder aus Goma und Bukavu Ausflügler von den europäischen UNO-Missionen und Offiziere der UNO-Truppen gekommen. In letzter Zeit aber nicht mehr.

In fünfzehn Minuten haben wir ein gut gekochtes Mittagessen auf dem Tisch, das aus drei Gängen besteht. Im Waschraum hängen sehr saubere Handtücher. Weil ich nicht ganz sicher bin, ob man sie nicht schnell für uns hergerichtet hat, gehe ich auch in die Damentoilette und in die Gastzimmer – überall das gleiche. Wir essen gerade den Nachtisch, Ananaswürfel mit Apfel- und Birnen-Eingemachtem gemischt, da stellt sich uns der schwarze zweite Verwalter des Albertparkes vor, Herr Theodore Kanyere. Er bittet uns in sein Haus, eine Villa, in der früher einer der belgischen Conservateurs gewohnt hat. Seine Frau setzt uns Tee vor. Es ist alles wie früher, nur daß unsere Gastgeber Afrikaner sind.

Wir gehen im Lager umher und geraten ins Gespräch mit den Arbeitern und den Wildhütern. Während Belgier, Franzosen, Engländer und ebenso die gebildeten Afrikaner verschiedene europäische Sprachen sprechen und sich vielfach untereinander nicht verstehen, spricht man in ganz Ostafrika unter den Schwarzen eine Art Esperanto, das Suaheli, eine halb arabische Sprache, welche die meisten neben ihrer eigenen Stammessprache verstehen. Zum Glück ist dieses Suaheli auch im Belgischen Kongo weit verbreitet, wenigstens im Osten, von der Grenze an bis beinahe nach Stanleyville hin. Engländer, Belgier oder Griechen, die sich in ihren Heimatsprachen nicht zu verständigen vermögen, können sich in Ostafrika oft wenigstens auf Suaheli klarmachen, was sie wollen.

Hier erfahren wir, was in den letzten Tagen wirklich los war. Ein paar Lastwagen voll Lumumbasoldaten sind von Stanleyville aus über Beni durch den Albertpark gekommen und haben im Ruindi-Lodge haltgemacht. Die Soldaten haben mit ihren Gewehren herumgefuchtelt und erklärt, die Wildhüter sollten jeden Europäer totschießen oder gefangennehmen. Dann sind sie weitergefahren.

Als sie zwei Tage später zurückkamen, brachten sie in einer Art Käfig in der glühenden Sonne Jean Miruho mit, den beliebten Präsidenten der Kiwuprovinz. Alle Zähne des Unterkiefers waren ihm eingeschlagen, der Schnurrbart herausgerissen, so daß sein Gesicht blutüberströmt und verkrustet war. Er bat um Wasser, aber die Soldaten erlaubten nicht, daß die Ruindileute ihm welches brachten. Der Trupp fuhr weiter, doch sie erklärten, sie würden bald zurückkommen.

Das war ein bißchen ungemütlich. Wie gut, daß ich im letzten

Im Ngorongoro-Krater muß man schon sehr nahe an einen der Löwen heranfahren, bis er endlich aufsteht und seinen Ärger darüber zu erkennen gibt.

Um einen Uganda-Wasserbock (Adenota kob thomasii) so im Sprung zu
erwischen, muß man vorn auf dem Kühler des Autos mit schußbereiter Kamera sitzen. Viele Wildtiere haben nämlich die schwer erklärbare Leiden-
schaft, kurz vor dem Auto unbedingt noch auf die andere Seite überwechseln
zu müssen.

Augenblick auf dem Wege zur Grenze noch einen befreundeten Engländer getroffen hatte. Wenn wir nicht zurückkämen, und falls er in den nächsten Tagen hören sollte, daß die Lumumbasoldaten im Kiwu eingerückt wären, sollte er dem Frankfurter Zoo mitteilen, daß die Möglichkeit bestünde, man hätte uns gefangen und nach Stanleyville gebracht – so hatte ich ihn gebeten. Stanleyville liegt mitten im dichten Urwald. Ich bin oft dort gewesen. Selbst wenn man im schönen Sabena-Gasthaus wohnt, mit Riesenpropellern über dem Bett und einem künstlich gekühlten Restaurant, ist das feuchte Klima nicht gerade behaglich. Dort etwa monatelang in einem Massenlager eingesperrt zu werden, ohne daß jemand zu Hause etwas davon weiß, schien mir nicht gerade verlockend.

Inzwischen kommt Herr Anicet Mburanumve von der Arbeit im Gelände zurück, der »Conservateur en Chef«, der Direktor des Albert-Nationalparkes. Da die neue schwarze Verwaltung über keine ausgebildeten Naturschutzfachleute verfügt, hat man zwei Afrikaner zu Direktoren ernannt, die Landwirtschaft studiert ha-

Herr Anicet Mburanumve, der Leiter des Albert-Nationalparks in der Kongorepublik, mit der Gruppe von Wildhütern, die von Wilddieben aus dem britischen Uganda überfallen worden sind. Dabei wurde einer von ihnen getötet, ein anderer schwer verwundet. Sie konnten jedoch die gewehrbewaffneten Verbrecher mit ihren Speeren besiegen. Neben mir Alan Root, der mich auf dieser Reise begleitete.

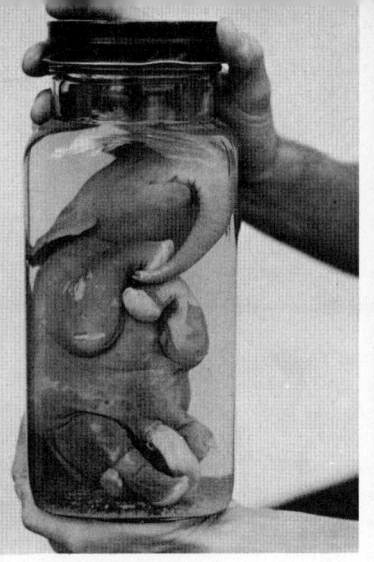

Abbildung links:
Ein ungeborener Elefant, den Wildwarte im südöstlichen Kenia dem Körper einer von Wilddieben getöteten Elefantenkuh entnahmen.

Abbildung rechts:
So fangen Wilddiebe in Ruanda Zebras und Antilopen. Die bastumflochte-nen, aus einer kleinen Gerte zusammengebogenen Ringe werden von außen nach innen mit langen Dornenstacheln gespickt, so daß sie einen richtigen Teller bilden. Tritt ein Tier hinein, so drückt sich Huf und Fuß durch die nachgebenden Stacheln in der Mitte durch; die Stacheln halten ihn jedoch für eine ganze Weile um das Bein herum fest. Dicht über den Ring legt man eine offene Seilschlinge und verbirgt alles unter Staub und Erde auf einem häufig begangenen Wildwechsel. Sobald ein Vierfüßer durch einen solchen Stachelring tritt, verhindert dieser, daß die Schlinge abgleitet. So zieht sie sich um den Fuß fest – das andere Ende des Strickes ist an einen Baum oder an ein großes Stück Holz angebunden, das der Flüchtling dann hinter sich herschleift. Ich habe Zebras gesehen, die das offenbar tage- und wochenlang getan hatten: Haut und Sehnen waren bis auf die Knochen durchgescheuert.

ben. Es ist die beste Lösung, die man in dieser Zwangslage finden kann: Herr Anicet Mburanumve scheint gebildet und tatkräftig zu sein.

Da taucht irgendwo aus dem Hintergrund der Mann auf, dessen Loblied ich hier singen möchte. Es ist ein schlanker, sehniger und liebenswürdiger Zoologe von etwa dreißig Jahren, Dr. Jacques Verschuren. Er hatte nichts mit der Verwaltung des Nationalparks zu tun, sondern war seit über zwei Jahren als Wissenschafter hier mit Forschungen beschäftigt. Als der Umsturz kam und alle Beamten flüchteten, blieb er da. Ein paarmal setzten ihm betrunkene Soldaten das geladene Gewehr an die Brust. Hinterher entschuldigten sie sich: es sei nur ein Spaß gewesen. Aber der Belgier Verschuren, der sich schon früher als Fledermausfachmann einen Namen gemacht hatte, blieb und setzte seine Forschungen fort. Wenn es gar zu brenzlig wurde, zog er sich ins Gebirge oder in den Wald zurück. Gegenden, wo Löwen und Elefanten ganz frei herumlaufen und wo man nicht mit dem Kraftwagen hinfahren kann, sind bei heutigen Politikern und Soldaten, auch bei schwarzen, nicht sehr beliebt. Dr. Verschuren hat schon an hundertsiebzig verschiedenen Stellen im Albert-Nationalpark im Freien übernachtet. Ich kann beobachten, wie gut Freund er mit allen Afrikanern ist und wie vorsichtig er ihnen seine Ratschläge gibt, ohne sie leiten zu wollen. Er wurde von der neuen Verwaltung nach kurzer Zeit zum Berater ernannt. In diesen Tagen lerne ich viel von ihm über die Tiere im Albertpark.

Eine Gruppe von Wildhütern kommt von einem Überwachungsmarsch zurück, in sauberen, gut gehaltenen Uniformen. Diese Wildhüter in den früheren belgischen Nationalparks sind fast alle ehemalige Soldaten. Diese Nationalparks waren Vorbild für alle ähnlichen Einrichtungen in ganz Afrika. Niemand durfte sie im Auto durchfahren, ohne einen schwarzen Wildhüter mitzunehmen. Nicht einmal der belgische König erhielt bei seinem letzten Staatsbesuch die Genehmigung, die Nationalparks im Flugzeug zu überqueren.

Die Wildhüter stellen sich mit ihren Speeren in Reih und Glied soldatisch auf, es wirkt fast wie eine kleine Parade. Ich erzähle ihnen, daß in Europa sehr wohl bekannt geworden ist, wie mutig und heldenhaft sie den Nationalpark in den letzten Monaten verteidigt haben. Als nämlich die belgische Verwaltung abrückte, glaubten die Eingeborenen aus dem benachbarten Uganda, nun seien die Tiere im Albertpark vogelfrei. Sie kamen über die Grenze und schossen Elefanten und Flußpferde tot. Endlich trafen in der Gegend von Ishasha sieben der Kongowildhüter auf Wilddiebe, die gerade zwei

Büffel und zwei Flußpferde umgebracht hatten. Es gab einen heftigen Kampf. Die Leute aus Uganda brachten den Wildhüter Valere Kurubandika auf geradezu barbarische Weise um, worauf die Kongoleute einen Mann aus Uganda töteten. Der gefallene Wildhüter wurde mit militärischen Ehren begraben.

So erzähle ich den tapferen Leuten, daß dieser Vorfall in der ganzen Welt bekannt geworden ist. Ich habe ein Exemplar unserer Zeitschrift ›Das Tier‹ mitgebracht und zeige ihnen den Bericht darüber. Ich fotografiere und filme sie, weil ich auch im Fernsehen von ihrem Mut und ihrer Tapferkeit erzählen will. So viele Menschen auf der ganzen Erde, die um das Schicksal der afrikanischen Natur bangen, werden daraus Hoffnung schöpfen. Der Wildhüter Samibili ist schwer verwundet worden. Auf meine Bitte zieht er den Rock aus und zeigt den umwickelten Arm, den er wohl niemals mehr wird voll gebrauchen können. Nach alter Sitte wird die blau-goldene Kongoflagge feierlich eingeholt, während die Sonne sinkt.

Vielleicht klingt das alles ein wenig zu großartig in einer Welt, die sich um Atombomben und Raketengeschosse sorgt. Aber wenn kleine und bescheidene schwarze Menschen mutig ihr Leben einsetzen, um ein Paradies zu verteidigen, an dem sich eine friedliche Menschheit und Besucher aller Hautfarben hoffentlich einmal werden erfreuen können, dann verdienen sie ein wenig Anerkennung und Ruhm. Sie sollen wissen, daß es außerhalb ihres versteckten Erdenwinkels in allen Erdteilen Freunde des Guten und Schönen gibt, die an diesen Afrikanern Hoffnung schöpfen. Wenn man solchen tapferen Kerlen und einem Mann wie Verschuren gegenübersteht, ist es einem peinlich, daß man sich um sein eigenes Stückchen weiße Haut Gedanken gemacht hat.

Am nächsten Morgen fahren wir hoch ins Gebirge bis dorthin, wo die Straße aus Stanleyville in den Albertpark hineinführt. Das Naturschutzgebiet ist schmal und lang. Um die Grenzen gegen Wilddiebe und eindringende Rinderherden zu verteidigen, sind zweihundertfünfzig Wildhüter angesiedelt. Sie leben mit ihren Frauen in kleinen Hütten mitten in der Wildnis. Drei Nächte müssen sie auf Überwachungsmärschen im Freien übernachten, die vierte Nacht dürfen sie in ihrem Häuschen schlafen. Ihre Vorgesetzten sind ständig unterwegs, um diese Posten zu überwachen. Anicet Mburanumve ist von Morgengrauen bis abends an der Arbeit, er schuftet wie ein Pferd, sagt Dr. Verschuren. – Die Wildhüter berichten, daß sich gestern und heute auf der Straße nichts gezeigt hat.

Ich erschrecke über die hohe Anzahl der Angestellten des Albertparkes, denn zu den zweihundertfünfzig Wildhütern kommen noch

Tommies (Gazella thomsonii) *gibt es zu Hunderttausenden in der Serengeti. Diese kleine Herde weidet auf den Masabi-Ebenen im »Korridor«. Auf Seite 19 sieht man so einen Tommy-Bock ganz von nahem. Die ewig pendelartig hin- und hergehenden kurzen Schwänze können sich sogar bei einem totgeschossenen Tier eine Weile weiterbewegen. Wenn ein Herdenmitglied gewarnt ist, zuckt es rasch mit seinen schwarz-weißen Zeichen auf den Körperseiten, was wie ein schneller, schwarz-weißer Blitz wirkt. Es macht einen aufgeregten Sprung, bevor es wegrennt. Sofort rast die ganze Herde ihm nach, und andere, benachbarte Gruppen folgen, auch wieder von schwarz-weißen Blitzen gewarnt.*

72

Die Schimpansen sind nach dem Menschen sicher die gescheitesten Lebewesen auf dieser Erde. Wie sie in Freiheit leben, ist – wie bei den meisten afrikanischen Großtieren – noch fast ganz unerforscht.

Diese Ansammlung von Klaffschnabelstörchen (Anostomus lamelligerus) und Pavianen (Papio cynocephalus) fand ich an einem austrocknenden Tümpel in der Gegend von Voi während der großen Dürre des Jahres 1961. Geduldig warteten sie, bis das Wasser immer mehr verdunstete und sie die hilflosen Fische herausgreifen konnten.

So ein Bild zu machen, kann man sich kaum vornehmen, es glückt einem durch einen Zufall. Dr. P. D. Swanepoel hat es geknipst. Das Impala-Weibchen ist übrigens entkommen.

Abbildung links:
Die Kori-Trappe (Ardeotis kori) *legt hier in der Serengeti Ende Februar und Anfang März ihre zwei grünlichbraunen Eier ohne Nest einfach auf die Erde und brütet sie aus. Trappen vernichten viel Heuschrecken; trotzdem hat man sie in vielen Teilen von Südafrika heute schon ganz ausgerottet, und ebenso sind ihre Verwandten in Europa fast überall verschwunden. Allein in Ostafrika leben sieben verschiedene Trappenarten. Die größte, die Kori-Trappe, ist etwa eineinhalb Meter hoch, die kleinste nur dreißig Zentimeter.*

Abbildung rechts:
Das Kongoni oder Hartebeest (Alcelaphus buselaphus) *ist eine der zahlreichen Kuhantilopen-Arten. Wie wohlgenährt alle diese Antilopen und Wildtiere auf den mageren Steppenböden aussehen im Gegensatz zu den fast immer »kleiderständerartigen«, landfremden Hausrindern der Eingeborenen und Europäer! Die Wildtiere können je Hektar Land weit mehr Fleisch für die eiweißhungrige, jetzt stark anwachsende afrikanische Bevölkerung erzeugen. Vor allem verwandeln sie nicht wie die Kühe die mageren Steppenböden in kurzer Zeit in Staubwüste.*

Eine Büffelherde weidet dort, wo ein Süßwasserflüßchen durch flache Sumpfgebiete in den Salzsee des Manyara-Nationalparks einmündet.

76

die Arbeiter und die Leute in den Unterkünften. Die Belgier haben viel Geld für ihre Nationalparks aufgewandt. Wird ein neuer, ein armer Staat das durchhalten können? Die ganze britische Kolonie Kenia dürfte für alle ihre Nationalparks nicht so viele Afrikaner beschäftigen. Wären sie nicht nur mit Speeren, sondern mit Gewehren bewaffnet, so käme man wohl mit einem Fünftel aus. Und mit einem Kleinflugzeug könnte man das riesige Gelände spielend überwachen. Bisher ist das Geld zur Lohnauszahlung von der Stelle gekommen, woher es der Park eigentlich zuletzt erwartet hat: aus der Hauptstadt Léopoldville. Aber Lumumba hat als Politiker zuerst die Gehälter seiner Soldaten vervierfacht. Die Wildhüter sind ehemalige Soldaten, sie waren nicht zufrieden, daß die anderen viermal soviel bekamen. Deswegen mußte der Park auch ihnen mehr bezahlen. Wie soll das ohne Hilfe von außen weitergehen?

Im Albertpark gibt es sieben heiße Quellen. May-ya-Moto, »heißes Wasser«, heißen sie. Einige davon sprudeln dicht neben der Hauptstraße. Man kann Eier kochen, indem man sie einfach hineinlegt. Dr. Verschuren hat Vögel, Eidechsen und Mäuse gefunden, die durch das heiße Wasser getötet worden sind. Während Menschen nur bis fünfzig Grad Wärme ertragen, gehen Elefanten, wie er beobachtet hat, noch bei sechzig Grad hindurch, ohne sich viel darum zu kümmern. Verschuren ist jetzt über drei Jahre nicht mehr in Europa gewesen. In dieser Zeit hat er Dinge beobachtet, die mich verblüffen.

Es gibt ja hier feuerspeiende Berge, die immer wieder tätig werden. Als Michael und ich wochenlang am Eduard-See hausten, sahen wir jede Nacht das rote Feuer eines dieser Vulkane in der Ferne leuchten. Wenn so ein Ausbruch bevorsteht, ziehen sich die wilden Tiere zwei bis drei Tage vorher zurück, berichtet Verschuren. Sie kommen aber bald danach wieder. Er hat beobachtet, wie einmal ein Vogel, ein anderes Mal eine Fledermaus in der Luft von einem emporgeschleuderten Stein getötet wurden. Nicht selten werden Tiere auf Inseln eingeschlossen, die von der glühenden Lava umflossen werden. Es dauert vier bis fünf Wochen, bis die Lava genügend abgekühlt ist und die Tiere wieder ihr Eiland verlassen können. Sie leben in dieser Zeit von den Pflanzen, die dort stehengeblieben sind. Ehe aber die Huftiere über die dünne, noch heiße Kruste der Lava laufen können, schleichen sich, merkwürdig genug, Leoparden mit ihren Füßen ohne Hornschuhe darüber hinweg und erbeuten die Eingeschlossenen.

Verschuren liebt den Albertpark. Es ist der einzige Platz in Afrika, wo man im Ruwenzori, dem »Mondgebirge« der Alten, alle Zonen und alle Höhenlagen der Pflanzen von der Grenze des ewigen Schnees bis hinunter zum tropischen Tiefland unberührt und ungestört studieren kann. Am Kilimandscharo in Tanganjika, wo es auch in Afrika ewigen Gletscherschnee gibt, haben sich Farmen und Pflanzungen an den Abhängen angesiedelt, dort ist die Natur\bereits gestört. Hier aber leben Flußpferde 2000 Meter hoch im Magena-See, wo es nachts minus fünf Grad wird, und auch Büffel haben sich an diese tiefen Kältegrade gewöhnt.

Der belgische Wissenschafter hat entdeckt, daß viele wilde Tiere durch giftige Erdgase getötet werden. Diese Gase sammeln sich in Talsenken an. Nachts, wenn die Luft ruhig ist, sind die Gasschichten am dichtesten und gefährlichsten. Es handelt sich um Kohlenoxid in mehr als vierzig v.H. Dichte. Die Tiere gehen nicht nur an Sauerstoffmangel ein, sondern auch durch unmittelbare Vergiftung. Lange bevor der Tod eintritt, sind die Tiere oft schon gelähmt. Sperlingsvögel und Fledermäuse fallen mitunter wie vom Blitz getroffen einfach aus der Luft auf den Boden. Verschuren hat an einem Platz bis zu fünfundzwanzig unverletzte tote Elefanten gefunden. Ob das eine Erklärung für das hartnäckige Märchen von den Elefantenfriedhöfen ist? Die schweren Gase liegen an der Erde, man kann unter Umständen als Mensch mit der Nase hoch in der gesunden Luft durch solch eine Senke gehen, ohne sie zu bemerken. Verschuren hat diese Gastäler mit einer Grubenprüflampe untersucht, die im Giftgas erlischt. Er fand ganze Rudel toter Paviane, verschiedene Antilopen und Affen, Kriechtiere, Flußpferde, Büffel und Pinselschweine, Löwen, Hyänen und Schakale. Aasesser, wie Hyänen und Geier, werden von den Leichen angelockt und gehen dann ihrerseits an den giftigen Gasen zugrunde.

Es sind wahre Totenstätten, wo die Leichen und Gebeine sich häufen.

Das Denkmal des Königs Albert steht noch unversehrt an der Hauptstraße, die durch den Albertpark führt.

Die freundlichen Parkleute hatten uns die Kabinenhütte Nr. 1 eingeräumt, die beste und schönste. Aber sie steht unmittelbar neben der Hauptstraße, auf der die vorrückenden Soldaten kommen müssen, und ihre einzige Tür öffnet sich zur Straße hin. Dr. Verschuren wohnt in der allerletzten Hütte ganz am Ende. Als die Soldaten das letzte Mal da waren, hat er sich still im Dunkeln ins Gelände verdrückt. Aber die Gastgeber haben alles so mustergültig hergerichtet, daß ich auch jetzt nicht das Herz habe, um einen Wechsel zu bitten.

Doch mir ist unbehaglich. Alan schläft neben mir wie ein Mur-

Dieses Nashorn wollte mich nur einschüchtern. Es raste bis auf ein paar Schritte auf mich zu, bekam aber dann wohl selbst Angst und drehte ab. Immerhin konnte ich auf diese Weise mit der gewöhnlichen Optik, ohne Fernobjektiv, dieses Bild von einem wütenden, angreifenden Spitzlippen-Nashorn (Diceros bicornis) *machen. Das ist keine Heldentat, denn ich saß in einem Geländewagen, und mir wäre nichts geschehen, selbst wenn es ihn wirklich angenommen hätte.*

meltier, jung und unbekümmert. Er will in vierzehn Tagen heiraten. Ich selbst kann nicht einschlafen. Ich höre plötzlich ganz fern im Gebirge etwas wie das Tuckern eines Motors. Ist es ein Lastwagen oder ist es nur der Wind im Dach oder irgendein Tier in der afrikanischen Nacht? Nach einer Weile höre ich es wieder, und in der nächsten halben Stunde kommt es immer näher. Endlich fahren zwei Lastwagen vor. Die grellen Scheinwerfer leuchten einen Augenblick durch das Fenster. Ich sehe hinter den Vorhängen hinaus. Zwanzig, dreißig Afrikaner steigen ab. Sind es Soldaten? Wie sehen überhaupt solche Lumumbasoldaten aus? Aber sie laden Kästen mit Bier ab. Nach einer Weile ist alles ruhig.

Dann wiederholt sich dasselbe Spiel. Ich liege wach und lausche. Meine Schuhe und meine Hosen habe ich bereitgelegt. Ob ich durch ein seitliches Fenster hinausspringen kann? Als das nächste Mal wieder ein Lastwagen vorfährt, wecke ich Alan. Doch auch jetzt sind es Arbeiter des Parks, die von einer Außenstelle zurückkommen.

Bei den Schuhschnäbeln (Balaeniceps rex) *begrüßen sich die Ehegatten untereinander durch tiefe Verbeugungen und lautes Klappern mit den riesigen Schnäbeln. Zahme Schuhschnäbel im Zoo tun das auch gegenüber ihren Pflegern.*

Abbildung links:
Die Topis (Damaliscus corrigum) *sind braune, große Kuhantilopen, die aber blauschwarze Flecken an den Schenkeln und gelbe Beine haben. Im Rukwa-Tal des südwestlichen Tanganjika haben die Männchen einer großen Topiherde jeweils um Tümpel herum ihre glattgetrampelten »Spielgründe«, wo sie sich gegenseitig jagen und miteinander kämpfen. Jeder Bulle hat seinen eigenen kleinen, glattgetretenen Platz, eine richtige kleine »Burg«, die ihm gehört und wo er täglich seinen Dung absetzt. Die meiste Jagerei und Kämpferei scheint mit der Verteidigung dieses kleinen Eigenbesitzes zusammenzuhängen (Vesey-Fitzgerald). Diese Topis hier leben bei Seronera in der Serengeti.*

Abbildung rechts:
Die Frau des Wildwartes Gordon Harvey macht die meisten kleineren Tiere rings um ihr Haus zahm. In Scharen kommen die Steinsperlinge auf ihre Veranda an den Kaffeetisch und lassen sich füttern.

So geht es die ganze Nacht. Ich weiß nicht, warum sich immer wieder Kraftwagen durch das Gebirge winden. In Afrika ist sonst bald nach Sonnenuntergang alles ruhig und still. Frühmorgens um vier kommt der letzte Wagen, er hält nur kurz an und fährt dann weiter in der Richtung nach Rutshuru. Endlich schimmert die fahle Dämmerung, und eine halbe Stunde später geht die Sonne auf. Ich habe die ganze lange Nacht kein Auge zugetan. Wie in einer Mausefalle bin ich mir vorgekommen.

Wenn die Sonne scheint, sieht die ganze Welt friedlicher aus. Nach dem Frühstück fahren wir wieder in die Ruindi-Ebenen. Um den Eduard-See, auf der Kongo- und der Ugandaseite, lebt die größte Menge von Flußpferden in ganz Afrika. Man schätzt sie auf dreiunddreißigtausend bis fünfunddreißigtausend Köpfe, davon mehr als die Hälfte im Albertpark. In ihm hausen auch rund achttausend Elefanten, vierundzwanzigtausend Büffel, zweitausend Topis und über zehntausend Schwarzfuß-Moorantilopen. Die Tiere leben friedlich wie seit dreißig Jahren; sie ahnen nicht, daß ihnen schon am nächsten Tag der Krieg Tod und Verderben bringen kann. Um zwei tote Flußpferde, die im Flachwasser des Flusses liegen, haben sich am Ufer Dutzende von Geiern angesammelt. Zwanzig Meter daneben ragen gemütlich die Rücken und Köpfe einer ganzen Nilpferdgruppe aus den Fluten.

Eine Herde Büffel setzt sich in Bewegung, wie wir herankommen. Ich mache die Kamera mit dem Fernobjektiv fertig, denn ich weiß, daß sie nach fünfzig Metern anhalten und zu uns herübersehen werden. Nachdem die Staubwolke sich verzogen hat, knipse ich. Ein paar Sekunden später trotten sie wieder weiter. Aus einem Gebüsch brechen drei Riesenwaldschweine hervor – es sind die ersten, die ich in freier Wildbahn zu Gesicht bekomme. Ich habe nicht erwartet, sie in so offenem, kahlem Gelände anzutreffen. Wir haben zwar vor ein paar Jahren einen »Rekord« darin erzielt, Riesenwaldschweine in Frankfurt in Gefangenschaft am Leben zu erhalten, aber das richtige Geheimnis, wie man das am besten tut, haben wir bei dieser Tierart noch nicht herausgefunden. Der englische Hauptmann Meinertzhagen hat diese schwarze Großtierart erst vor einigen Jahrzehnten in Afrika entdeckt. Zum Glück habe ich die Kamera schußbereit liegen, ich kann drei Bilder von diesen Tieren machen.

Wir besuchen den Wald an den sumpfigen Gestaden des Eduard-Sees. Auf jedem zweiten Baum findet sich ein Nest von schwanengroßen Pelikanen oder von Marabus. In Ishango, auf der anderen Seite des Sees, wo wir große Teile unseres Films ›Kein Platz für wilde Tiere‹ gedreht haben, hielten sich die Pelikane immer nur tagsüber zum Fischen auf. Abends flogen sie von dort in langen Ketten davon. Wir sahen ihnen nach und zerbrachen uns den Kopf, wo sie wohl die Nacht verbrächten. *Hierher* sind sie also immer geflogen.

Wir streifen durch den lichten Wald und benutzen dabei die Pfade der Elefanten und der Büffel. Dabei passen wir auf, daß wir nicht plötzlich auf einen Elefanten stoßen, wenn wir um einen Busch herumgehen. Das sind die gefährlichen Augenblicke, in denen auch ein Tier erschrickt und angreift. Ein Kameramann, der damals ein paar Wochen mit uns zusammengearbeitet hat, ist anschließend

Das Riesenwaldschwein (Hylochoerus meinertzhageni) *ist das seltenste der afrikanischen Wildschweine, das auch am spätesten entdeckt wurde, und zwar im Jahre 1904. Obwohl es als richtiges Waldtier gilt, konnte ich dieses durch Zufall mitten in der Ruindi-Ebene des Albert-Nationalparks knipsen.*

Unlängst packte eine Tüpfelhyäne (Crocuta crocuta) einen Deutschen aus Hamburg, der sich höchst übermütig im Schlafsack am Rande des Ngorongoro-Kraters zum Übernachten niedergelegt hatte, am Bein und schleppte ihn bis ins nächste Gebüsch. Der Mann, der sie erst für einen Löwen hielt, vertrieb sie dann mit Schimpfen und Steinwürfen. Den Tüpfelhyänen fällt wohl mehr als die Hälfte aller neugeborenen Zebras, Gnus und Gazellen zum Opfer. Ohne sie würde die Anzahl der friedlichen Tiere ständig zunehmen.

Die Büffel (Syncerus caffer) stehen dicht am Ufer des Viktoria-Nils und sehen die Besucher in dem großen Motorboot an. So bestaunt man sich gegenseitig. Im Vordergrund ein Flußpferdbaby.

selbständig auf der anderen, englischen Seite des Eduard-Sees tätig gewesen. Ein Elefant hat ihn gepackt und dreimal in die Luft geworfen, aber der Mann hat außer einigen Hautabschürfungen und einem schweren Schock keinen Schaden davongetragen.

Wir vergessen Soldaten und Bürgerkrieg. Man gewöhnt sich im afrikanischen Gelände bald das Mittagessen ab. Ein paar frische Mangofrüchte, ein Schluck Tee aus der Warmhalteflasche, ein paar Kekse machen schon satt. Wir wollen noch weiter am Eduard-See entlang fahren, um abends nach Ruindi zurückzukommen.

Da hockt auf einer Geländewelle eine einsame Gestalt, die uns zuwinkt. Es ist einer der Wildhüter, der uns hier abgepaßt hat. Der Mann kann vor Aufregung kaum sprechen. Kurz nachdem wir vom Lager abfuhren, sind Soldaten aus Stanleyville angekommen. Sie haben alles aufgegessen, was in Ruindi an Lebensmitteln lag, die Bestände für die Besucher des Hotels und den Proviant für die Arbeiter und Wildhüter. Sie haben alles getrunken, sie haben die Frauen der Wildhüter vergewaltigt und die Männer verprügelt. Geschirr und Mobiliar sind kurz und klein geschlagen. Natürlich haben die Soldaten gehört, daß Europäer hier sind. Sie suchen nach uns.

Wir wollen ihnen gern unsere Nachthemden und Zahnbürsten in der Kabinenhütte Nr. 1 überlassen, schließlich kennen wir die Wege und Stege hier besser als sie. So machen wir einen weiten Bogen um das Ruindi-Lodge und rollen in Richtung Rutshuru. Wenn nur jetzt keine der üblichen Autopannen kommt! Die Leute in den Hütten und an der Straße ahnen nicht, was bald hinter uns folgen wird. Wir tanken in Rutshuru. In der Halle der Autowerkstätte und auf dem Hof ist gerade eine große Menschenansammlung. Irgend jemand hält eine politische Rede. Aber niemand beachtet uns, und niemand zeigt sich feindlich gegen uns. So fahren wir auf der Hauptstraße wieder zurück, auf die Lumumbas zu, bis endlich die Gabelung kommt und wir nach rechts in der Richtung zur Grenze abbiegen können. Jetzt kann uns nicht mehr viel passieren.

»Haben wir Ihnen nicht gesagt, daß die Fahrt ganz ungefährlich ist«, sagen die freundlichen schwarzen Zollbeamten. Wir bekommen unsere Papiere abgestempelt und liefern den Kraftwagenschein ab. Als ob alles im tiefsten Frieden wäre, prüfen die Zollbeamten gewissenhaft, daß wir auch alle eingeführten Fotogeräte wieder herausbringen und nicht etwa eins im Kongo zollfrei verkauft haben. Ich nehme die Zöllner und Soldaten auf. (Inzwischen habe ich ihnen längst Vergrößerungen davon geschickt. Sie sind sogar angekommen und hängen jetzt in der Zollstelle.)

Wir fahren weiter nach Ruanda. Das ist der Teil des Belgischen

Kongo, der früher zu Deutsch-Ostafrika gehört hat. Er ist zur Zeit noch weiter unter belgischer Verwaltung und wird erst später selbständig werden. Vorher bitte ich aber einen Bekannten, der zu einer Poststelle fährt, ein Telegramm nach Frankfurt zu schicken, daß ich wieder heraus bin. Ich gebe ihm das Geld dafür mit. Für zwei Zeitungen kam diese Nachricht ein paar Stunden zu spät, wie ich erst zehn Tage später in Tanganjika erfuhr. Bei ihnen galt ich zwei Tage lang als im Kongo »vermißt«.

Dr. Verschuren flüchtet einen halben Tag später; wir treffen ihn zufällig an der Grenze in Ruanda wieder. Er erzählt uns, daß auch die Lumumbasoldaten am ersten Tage nicht auf die Tiere im Albertpark geschossen haben. Er will wieder in den Kongo zurück und unter der neuen politischen Partei weiter für den Albertpark arbeiten. Ärzte, Missionare und Leute wie wir arbeiten für Dinge, die allen Menschen gehören. Wir sollen uns nicht um Politik kümmern.

Jacques Verschuren ist ein tapferer Mann. Er steht unter einem Baum und winkt, wie wir wegfahren. Ob er wohl lebend davonkommt? Wir fahren weiter nach dem Kagera-Nationalpark in Ruanda. Der Conservateur des Nationalparks, Guy de Leyn, bewohnt mit seiner gutaussehenden, fast feschen Frau ein schloßartiges, weißes, breit hingelagertes Haus auf der Spitze eines Hügels. Eine schöne Freitreppe, weit offene Veranden, große Glastüren, eine riesige Halle, gekachelte Bäder – alles wie ein Herrensitz irgendwo in Belgien, nicht wie ein einsames Haus mitten in der Wildnis. Aber auch die steinernen Häuschen der afrikanischen Wildhüter wirken wie eine kleine Villensiedlung.

Der Kagera-Nationalpark liegt am Kagera-Fluß, der weiter nach Tanganjika und dann in den Viktoria-See fließt. Er hat das ganze Jahr hindurch viel Wasser. Hier in Ruanda staut er sich immer wieder zu Sümpfen und Seen auf. An einem dieser Sümpfe hat de Leyn auf hohen Stämmen eine große Plattform gebaut, die mit Schilf verdeckt ist. Wir steigen eine Leiter zu ihr empor. Man kann hier vieles sehen, was man sonst in Afrika nicht so leicht findet. Zum Beispiel erblicke ich zum erstenmal in meinem Leben einen freilebenden Schuhschnabelstorch, einen Abu Markub (siehe Bild auf S. 80). Stunden und Stunden steht er regungslos auf einem Grassoden und starrt ins Wasser. Sein Trick besteht offensichtlich darin, den riesigen Schnabel, der wirklich so groß und breit ist wie ein Schuh, plötzlich nach einem Fisch oder Frosch hinabzuschießen und die Beute mit dem Hornnagel an der Spitze zu packen. Solange ich ihn jedoch auch während zweier Tage mit dem Fernglas betrachte, tut er es nicht ein einziges Mal.

Dieser Silberrücken-Schakal (Canis mesomelas) *in der Serengeti ließ den Kopf der Thomsongazelle, den er durch das Gras trug, fallen, als er mich sah. Ich machte die Kamera schußfertig und wartete. Richtig – er konnte sich von seiner Beute nicht trennen, kam zurück, packte sie und lief damit davon.*

Auf den halb schwimmenden Schilfinseln im grünverwachsenen Gewässer weiden Situtunga-Antilopen. Darum also haben sie so langschnäblige, breit auseinanderzuspreizende Doppelklauen. Wir haben im Frankfurter Zoo vor ein paar Jahren von Léopoldville in der Nähe der Westküste Afrikas drei dieser Situtunga bekommen und schon eine ganze Herde von ihnen nachgezogen. Wie ich jetzt sehe, in was für Gelände sie eigentlich zu Hause sind, wundere ich mich noch nachträglich, daß uns das gelungen ist. Denn wir halten sie ganz ohne Wasser auf trockenem Erduntergrund.

Hier im Kagerapark leben die einzigen »Schwarzen« oder Spitz-lippen-Nashörner im Kongo. Außer ihnen kommen nur »Weiße« oder Breitlippen-Nashörner im Garamba-Nationalpark des nördlichen Kongo, an der Grenze zum Sudan, vor. Das hat seine Gründe.

Im Busch und in der Steppe Afrikas lebt überall die Siedler-Agame (Agama agama) *in der Nachbarschaft von Dörfern und mitten zwischen Menschensiedlungen. Weil sie sich ähnlich wie Ratten, Sperlinge, Mäuse und Wanzen ganz dem Menschen angeschlossen haben, ziehen sie auch mit ihm in Dörfer, die mitten im Urwald liegen. Die Siedler-Agamen leben von Kerbtieren und sind daher beliebte Untermieter. Dieser blau-rot gefärbte Agamenmann bei einem Haus in Seronera ist so zahm geworden, daß er Futter aus der Hand nimmt.*

Der Riesenturako (Corythaeola cristata) *ist in seiner Heimat im Kongo selten zu sehen, weil er sich gern in den Baumkronen versteckt hält. Seine lauten Rufe verraten ihn jedoch. Er ist der größte von den 19 verschiedenen Turako-Arten, die in Afrika (und zwar nur in diesem Erdteil) südlich der Sahara leben, aber schon auf Madagaskar fehlen.*

Seit dem letzten Jahr wissen wir zwar, daß Spitzlippen-Nashörner schwimmen können. Als man sie in Rhodesien bei dem Rettungsvorhaben für die Tiere auf den verschwindenden Inseln des künstlich aufgestauten Kariba-Sees im Sambesi-Flußtal betäubt wegbeförderte, griff eines das Boot an, nachdem es wieder zu sich kam. Es ging dazu ins Wasser und schwamm. Allerdings war der Kopf so tief untergetaucht, daß gerade die Nasenlöcher und die Augen herauskamen. Bei nur mäßigem Wellengang hätte es wohl nicht mehr atmen können. Ein anderes Nashorn hat im Gebiet der Momella-Farm bei Aruscha den deutschen Besitzer Trappe sogar hinter dem Boot her bis mitten in den See verfolgt, weil es ihm etwas übelgenommen hatte.

Aber das sind große Ausnahmen. Sie sind jedenfalls nie in Versuchung geraten, durch den Kagera zu waten oder zu schwimmen und die schönen Weidegründe da drüben zu besiedeln. Diesen Gedanken hat erst Prof. van Straelen, der Leiter der Nationalparks im Kongo, vor einigen Jahren gefaßt. Die Jagdverwaltung von Tanganjika war sowieso dabei, die Nashörner in weiten Landstrichen planmäßig abzuschießen, um sie für Menschensiedlungen frei zu machen. So schenkte sie Prof. van Straelen großzügig sechs Nashörner. Das ist brieflich sehr leicht getan, aber sehr schwer zu verwirklichen. Ein Nashorn totschießen kann nämlich auch ein zwölfjähriger Junge, wenn er eine hübsche neuzeitliche Büchse dafür hat. Ein Nashorn unbeschädigt fangen können aber nur ein halb Dutzend Leute in ganz Ostafrika.

Einer davon ist Herr de Beer, der dicht bei Aruscha wohnt. Er ist fünfundsiebzig Jahre alt, fängt sei siebenundvierzig Jahren wilde Tiere und tut es heute noch. Dazu fährt er mit seinem kleinen, leichten Lastwagen wie ein Wilder durch das Gelände, sobald er ein Nashorn entdeckt. Die Tiere fliehen regelmäßig, auch Mütter mit Kindern. Nur wenn das Kleine ihr nicht folgen kann, macht die Alte kehrt und greift an. Selbst wenn es ihr glückt, den umherfahrenden Wagen zu treffen, so durchbohrt sie doch selten die Verkleidung, die an den meisten Stellen mit Eisenblech verstärkt ist. Fast immer gibt sie den Kampf bald auf und läuft davon, wobei sie das Junge im Stich läßt. So ist das übrigens bei Tieren meistens, denn die ausgewachsene Mutter ist für die Erhaltung der Art wichtiger als das hilflose Kleine.

Hinten auf der Plattform des Wagens stehen de Beers mutige afrikanische Helfer. Sie haben einen biegsamen, etwa drei Meter langen Stab, der am Ende die geöffnete Schlinge eines 1,5 Zentimeter dicken Seiles trägt. Das andere Ende dieses Strickes ist fest am Auto verankert. De Beer wartet, bis die Mutter ein paar hundert Meter weg ist, so daß sie sich nicht mehr einmischt. Dann fährt er mit dem Wagen dicht an das Jungtier, so daß seine Helfer die Schlinge über den Kopf und hinter die beiden Hörner legen können. Der Wagen fährt hinter dem flüchtenden Tier her, verlangsamt allmählich seinen Lauf, bremst und hält schließlich an. Sogleich springen die Afrikaner ab, binden die Füße des Tieres zusammen, legen es auf die Seite und heben es auf das Fahrzeug. Ist das Tier dafür schon zu groß, so drängen sie es, nicht ohne erhebliche Schwierigkeiten, in eine schwere Holzkiste, die dann über eine schräge Bretterrampe auf den Wagen gezogen wird.

Im August 1958 hat de Beer auf diese Weise zwei Nashornmänner und vier -weiber gefangen, die damit dem Tode entkommen sind. Sie wurden auf großen Umwegen über eine Brücke des Kagera-Flusses nach dem belgischen Ruanda gebracht und dort mitten im Kagera-Nationalpark auf der anderen Seite des Kagera-Flusses in Freiheit gesetzt. Die Leute im Kagerapark waren allerdings so schlau, sie nicht einfach laufen zu lassen, sondern sie zunächst für einige Wochen in einer Umzäunung zu halten. Nashörner sind nämlich sehr ortstreu. Es bestand die Gefahr, daß sie sich wieder nach

Böhm-Zebras (Equus burchelli boehmi) *mit dem Kilimandscharo im Hintergrund.*

Eine Teufelsblume (Idolum diabolicum) *in Droh- oder Fangstellung. So mögen die kleinen Insekten, ihre Beute, sie wohl für eine Blume halten. Es gibt auf Erden etwa eintausendachthundert Arten von diesen Fangheuschrecken oder Gottesanbeterinnen, deren Gefräßigkeit geradezu sprichwörtlich ist.*

ihrer alten Heimat absetzten, so wie das verkaufte Haustauben tun. Der Versuch ist hier geglückt. Als man die Umzäunungen später niederriß, fühlten sich die Dickhäuter in der neuen Gegend zu Hause, sie sind jetzt noch da. Hoffentlich werden sie von hier aus den ganzen Kagerapark besiedeln.

Vielleicht sind sie aber in dem Augenblick, in dem dieses Buch erscheint, längst tot. Genau ein Jahr, nachdem ich bei de Leyn zu Gast war, ist er nämlich von ein paar Afrikanern mit Maschinengewehrgarben in Gabiro, dem Hauptquartier des Kageraparkes, erschossen worden. Er ist der zweite Europäer, der bei der Arbeit für die Nationalparks in Afrika sein Leben lassen mußte. Der erste war mein Sohn Michael, und Guy de Leyn starb genau drei Jahre nach ihm, am 10. Januar 1962.

Jacques Verschuren ist es besser gegangen.

Ein paar Monate später, als ich wieder in Frankfurt war, klingelte eines Abends der Fernsprecher. Ein Herr aus Kairo, den ich nicht persönlich kannte, kündigte mir für den nächsten Vormittag den Besuch von zwei Ministern der Regierung von Gizenga, dem Nach-

Das Rot im Gefieder der Turakos ist ein Kupfersalz und enthält fünf bis sechs v. H. Kupfer. Dieser Roß-Turako (Musophaga rossae) hüpft fast wie ein Eichhörnchen im Geäst von Bäumen und Euphorbien umher.

folger des ermordeten Lumumba in Stanleyville an. Ich konnte mir nicht vorstellen, was die Minister dieses Regimes, das in Feindschaft mit der Hauptregierung Léopoldville lebte, von mir eigentlich wollten.

Als der Minister Marcel Bisukiro, noch ein weiterer Minister und der Polizeipräsident von Bukawu am nächsten Morgen zu mir kamen, fragte ich sie zunächst, ob Jean Miruho, der frühere Präsident der Kiwuprovinz, noch lebte. Sie meinten, es ginge ihm gut. Tatsächlich ist er inzwischen längst wieder in Amt und Würden und sogar Minister geworden.

Der Polizeimann war schlank, mit schnellen, klugen Augen. Bisukiro dagegen bedächtig und überlegt. Seine Regierung wollte die beiden Nationalparks in ihrem Bereich erhalten, den Garamba- und den Albertpark. Sie wüßten, daß die zutraulichen Wildtiere darin Scharen von Besuchern in ihre Heimat locken würden. Die Tiere in ihren Nationalparks seien ein Gemeinbesitz des Kongovolkes, ja der ganzen Menschheit. Sie wollten fortführen, was die Belgier aufgebaut hatten, wollten die Parks als Kulturbesitz für die Menschheit erhalten. Auch Nashörner gehören allen Menschen.

Abbildung links:
Der schönste von allen Störchen auf Erden ist der afrikanische Sattelstorch (Ephippiorhynchus galensis) *mit seinem leuchtend roten Schnabel mit schwarzer Binde und einer gelben Hornplatte an der Stirn.*

Abbildung rechts:
Pferde-Antilopen (Hippotragus equinus) *sind in Ostafrika weit verbreitet, kommen aber nirgends häufig vor. In der Serengeti lebt zum Beispiel zwischen Banagi und Seronera eine kleine Herde, die immer um zwanzig Köpfe stark bleibt.*

Ich war erstaunt und erfreut, solche Sätze aus dem Mund von afrikanischen Politikern zu hören. Wir hatten immer gefürchtet, wir hätten zu spät begonnen, solche Wahrheiten zu verkünden, und die neuen schwarzen Machthaber würden eher auf andere Europäer hören, die uns verlacht und uns das Recht bestritten hatten, Zebras und Elefanten für ebenso erhaltenswert und für einen ähnlichen kulturellen Gemeinbesitz der ganzen Menschheit zu bezeichnen wie die Akropolis oder den Louvre. Würden neue afrikanische Machthaber nicht lieber dem Beispiel von Elefanten schießenden Politikern aus Europa und den Vereinigten Staaten nacheifern, statt uns paar einflußlosen Europäern in den Nationalparks?

Nun, jedenfalls die beiden großen Parteien in der Kongorepublik

Alte männliche Büffel werden oft Einzelgänger oder halten sich in Junggesellengruppen von drei oder vier Köpfen zusammen. Auf dem Rücken dieses alten Herrn ein Kuhreiher (Ardeola ibis).

– Jean Miruho von der Léopoldville-Verwaltung und diese Gizengaleute hier – hatten sich auf die bessere Seite geschlagen. Ob sie wirklich ihre Liebe zu Elefanten und Berggorillas dazu bewogen hat, weiß ich nicht. Junge, noch unzivilisierte Nationen wollen oft mit Nachdruck zeigen, daß sie für kulturelle und sittliche Dinge Verständnis haben. Das haben unsere Vorfahren, haben die Amerikaner und später auch die Russen getan. Mich hatte schon ein anderer französischer Brief aus schwarzer Hand ergriffen. Ein Gizengaminister in Stanleyville hatte ihn dem belgischen Conservateur des Garamba-Nationalparkes auf seinen ersten Urlaub nach Europa mitgegeben: »Wir sind dankbar, daß Sie nicht wie die anderen belgischen Beamten sofort geflüchtet sind, sondern daß Sie im Nationalpark ausgeharrt haben und mit Ihren großen Fähigkeiten und Kenntnissen dieser wichtigen sittlichen Aufgabe weitergedient haben, ganz gleich unter welcher Regierung. Wir wissen, daß Sie in dieser Zeit gedarbt haben und von unverständigen Leuten sogar mißhandelt worden sind. Aber Sie sagen sich gewiß: Vergib ihnen, denn sie wissen nicht, was sie tun.«

Die beiden Minister, die jetzt in meinem Arbeitszimmer saßen, dachten ähnlich. Sie baten, ich sollte in Deutschland und Europa dafür werben, daß Besucher in den Albertpark kämen. Ohne Besucher wäre er kaum zu erhalten. Ich machte ihnen klar, daß jetzt beim besten Willen niemand in den Kongo fahren würde. Viele Leute hatten sogar ihre Reise nach Westafrika oder Kenia abgesagt, weil sie den Kongo mit Ländern verwechselten, die viele Tausende von Kilometern davon entfernt lagen. Aber andere Dinge seien wichtiger. Allein im Albertpark hätten vierhundert Wildhüter und Arbeiter seit drei Monaten keinen Lohn mehr bekommen. Das sei im Augenblick die schlimmste Gefahr, denn schließlich würden die armen Leute in ihrer Not anfangen, die Tiere im eigenen National- park abzuschießen.

»Können Sie nicht irgendwoher aus Deutschland das Geld auf- treiben, um sie wenigstens für ein paar Monate zu bezahlen? Unsere Kassen sind leer.«

Das wußte ich. Und deshalb sagte ich, daß ich Geld – wenn immer ich es auftreiben könnte – nicht nach Stanleyville in die Ministerien bringen, sondern selber in Ruindi an die Wildhüter auszahlen würde. Die Herren hatten Regierungsbriefbögen mit, und so schlos- sen wir eine feierliche Abmachung, eine Art Staatsvertrag zwischen einem Zoodirektor und einer afrikanischen Regierung. Man wollte mir einen Kraftwagen und bewaffnete Begleitung geben, wenn ich hinunter käme.

Ich habe in der ganzen Welt herumtelegrafiert und -telefoniert. Schließlich hatten die Afrikaner im Albertpark bewiesen, daß sie willens und fähig waren, ein Werk fortzuführen, das die Belgier in Jahrzehnten mustergültig aufgebaut hatten. An Afrikas Tieren sollen sich auch unsere Kinder und Enkel einmal erfreuen, sie sind Gemeinbesitz aller Menschen. Sie gehen nicht nur die Kongolesen an, diese Tiere gehören jedermann! Also haben sich auch Menschen aus anderen Ländern für sie einzusetzen, wenn es im Kongo eine Zeitlang politisch drunter und drüber geht.

Aber keine Regierung, keine Organisation wollte in einem Gebiet helfen, dessen Regierung nicht mit der UNO und der Hauptgewalt in Léopoldville zusammenarbeitete. Unser Wirtschaftsminister und der Chef der World Bank in den USA antworteten mir, die Gi- zenga-Leute sollten unter kommunistischem Einfluß stehen; man müsse erst abwarten, bis sich alles mehr kläre. Schließlich hat unsere »Zoologische Gesellschaft von 1858« in Frankfurt die Mittel für ein paar Übergangsmonate aus meiner Fernsehsammlung »Hilfe für die bedrohte Tierwelt« zur Verfügung gestellt. Es ist gut, wenn man nicht von Regierungen und Politikern abhängig ist, sondern

Nur die männlichen Webervögel bauen die Kugelnester. Sie hängen sich singend und flügelschlagend unten an ihre Häuschen (siehe rechts im Bild) und bieten so das Heim und sich selbst den Weibchen an. Das sind Masken-weber (Ploceus intermedius) vor dem Haus des ersten Michael-Grzimek-Gedächtnis-Instituts zu Banagi in der Serengeti.

in entscheidenden, brandeiligen Fällen rasch selbst entscheiden und – verantworten kann. Wir haben schnell zum günstigen Kurs Kongofranken gekauft, Dr. Verschuren hat sie in Frankfurt abgeholt und als Bündel selbst in den Albertpark gebracht. Dann hörte ich für ein paar Wochen nichts mehr von ihm. Bis eines Tages eine Postkarte von einem unbekannten europäischen »colon«, einem Siedler aus dem Kiwu, bei mir eintraf. Ob ich wüßte, daß Verschuren und Mburanumve, der afrikanische Direktor des Albertparks, von den Soldaten der benachbarten Militärstelle festgenommen und verprügelt worden sind? Sie hätten »den Nationalpark an Europäer verkauft«.

Ich habe sofort ein langes französisches Telegramm an Herrn Marcel Bisukiro geschickt, der inzwischen zum Minister für den gesamten Kongo in Léopoldville aufgerückt war. Das Geld ist ausgezahlt worden, und daraufhin hat die Regierung von Léopoldville in den folgenden Monaten weiter welches geschickt. Dr. Verschuren und Anicet Mburanumve aber habe ich inzwischen in Afrika getroffen.

Wie es mit dem Albertpark und den anderen Nationalparks im Kongo weitergehen wird, weiß niemand. Denn wer kann die politische Entwicklung dort voraussagen? Auf jeden Fall haben die Afrikaner gezeigt, daß sie den guten Willen und die Fähigkeit haben, die wilden Tiere ihrer Heimat in Schutzgebieten weiter zu bewahren – besonders wenn die Europäer in ihrem Lande ihnen das vorgelebt haben.

Dritter Abschnitt
Von Flußpferden und Schlangenhalsvögeln
Die fünf Fehler von Leonardo da Vinci – Granate im Nilpferdmagen – Lastwagen auf dem Flußpferdrücken – Seit der Flußpferd-Ausrottung leiden die Afrikaner an Eiweißmangel – Flußpferd macht aus vertrocknetem Grasstroh »Jungrinder-Fleisch« – Wozu »gähnen« sie? – Bulle Hubert auf der Wanderschaft – Die seltsamen Schlangenhalsvögel

»Das Nilpferd geht, wenn es Beschwerden hat, dorthin, wo Reste von abgeschnittenem Schilfrohr sind, und reibt dann so lange eine Ader, bis es sie durchschnitten hat. Nachdem es so viel Blut wie nötig abgelassen hat, beschmiert es sich mit Schlamm, und so heilt die Wunde. Es hat eine ähnliche Gestalt wie das Pferd, einen gespaltenen Huf, einen Ringelschwanz und Hauer wie der Eber, dazu einen Hals mit Mähne. Seine Haut läßt sich nur dann durchbohren, wenn es badet. Es nährt sich von Getreide und geht rückwärts in die Felder hinein, damit es den Anschein habe, als sei es aus ihnen herausgekommen.«

Leonardo da Vinci in seinem ›Bestiarium‹

In dieser Beschreibung des großen Künstlers und Erfinders sind gleich fünf grobe Fehler enthalten. Flußpferde lassen sich nicht selber zur Ader, sie sind keine Zweihufer wie die Rinder und haben keine Haarmähne am Hals. Ihre Haut wird im Wasser nicht weicher, weil sie durch eine ölige Schleimschicht gegen Aufweichen geschützt ist. Flußpferde gehen wohl in Getreidefelder, um zu weiden, aber sie sind nicht so listig, das rückwärts zu tun. Strenggenommen ist schon der Name, den wir heute noch gebrauchen, ein sechster Fehler. Flußpferde sind nicht näher mit den richtigen Pferden verwandt, als das etwa ein Wolf ist. Am ehesten gehören sie noch in die sehr weite Verwandschaft der Schweine. Der Name »Nilpferd« ist noch weniger berechtigt, denn Flußpferde kamen in allen Flüssen Afrikas vor und leben heute noch in vielen von ihnen. Im Nil, den sie früher bis zu seiner Mündung besiedelt hatten, hat man sie längst innerhalb Ägyptens und auch im nördlichen Teil des Sudan ausgerottet.

Der Schweiß der Flußpferde hat ein weiteres Märchen entstehen lassen. Da er rötlich ist und sich, wenn das Tier zu Lande schwitzt, zu Tropfen zusammenzieht, glaubte man, Flußpferde »schwitzten Blut«.

Flußpferde werden etwa fünfzig Jahre alt. Die Kinder werden unter Wasser geboren (Viktoria-Nil). Man hat erst in allerletzter Zeit entdeckt, daß Flußpferde die besten Eiweißlieferer für hungernde Afrikaner sind. Sie können – besser als jedes Haustier – aus Trockengras hochwertiges, fast fettfreies Fleisch erzeugen. Ihr Kot liefert das Kleingeschwebe im Wasser für den Fischreichtum vieler afrikanischer Gewässer.

Wir können Leonardo seine Irrtümer nicht verübeln, denn er hatte keine Gelegenheit, jemals ein lebendes Flußpferd zu sehen. Seit den Zeiten der alten Römer, die sie mit anderen wilden Tieren in den Arenen umbringen ließen oder später in Privatzoos hielten, kamen bis zur Mitte des vorigen Jahrhunderts keine Flußpferde mehr nach Europa. Das erste, welches dann wieder zu uns gebracht wurde, lebte allerdings gleich sechsunddreißig Jahre im Zoo. Was noch nicht die Krönung der Langlebigkeit ist – im Bronx Zoo von New York hat »Peter der Große« vom 13. Juli 1903 bis 1. Februar 1953, also neunundvierzigeinhalb Jahre, gelebt. »Betsy II.« brachte es im Amsterdamer Tiergarten auf einundvierzig Jahre, neun Monate, zehn Tage. Als 1960 im Posener Zoo das Flußpferd »Bongo« mit siebenundvierzig Jahren das Zeitliche segnete, fanden die Tierärzte im Magen eine ... Granate. Außerdem waren ein großes Stück Leder von einer Briefträgertasche darin, fast drei Kilogramm Steine, über hundert polnische Münzen, eine Revolverkugel, Eisendraht und andere unverdauliche Dinge. Immerhin hat Bongo ja zwei Kriege und mancherlei politische Wechsel überlebt. Er starb nicht an Magenbeschwerden, sondern an Blutvergiftung. Solche Fälle zeigen aber, wie nötig es ist, in Zoologischen Gärten das Füttern durch die Besucher streng zu unterbinden. Vielleicht werden Flußpferde in Tiergärten ein paar Jahre älter als in Afrika, weil sie in Zoos vor Nebenbuhlern und Raubtieren geschützt sind, wenn sich die Beschwerden des Alters melden. Ein halbes Jahrhundert dürfte jedenfalls die obere Lebensgrenze sein.

Flußpferde leben fast den ganzen Tag im Wasser, aber sie müssen sich ihre Nahrung zu Lande suchen. Das tun sie fast immer nur nachts. Am liebsten haben sie flaches Wasser von etwa ein Meter zwanzig Tiefe, auf dessen Grund sie laufen können, ohne schwimmen zu müssen, und in dem sie trotzdem noch ganz untertauchen können. Das heißt keineswegs, sie könnten nicht gut schwimmen. Die dreißig Kilometer breite Meeresstrecke zwischen der Insel Sansibar und dem ostafrikanischen Festland haben sie schon mehrfach freiwillig durchschwommen. Wenn sie auch längstens vier bis fünf Minuten, ohne zu atmen, untergetaucht aushalten können, scheinen sie sich doch im Wasser recht sicher zu fühlen und sind deswegen dort keineswegs so »blutgierig« wie bei Zwischenfällen auf dem Lande. Ich selbst habe beim Filmen im Semliki-Fluß des Kongo den Angriff einer Flußpferdmutter erlebt, die ihr Kind von unserem eisernen Boot bedroht glaubte. In meinem Buch ›Kein Platz für wilde Tiere‹ habe ich beschrieben, daß ein afrikanischer Mitarbeiter nur dadurch verletzt wurde, daß er durch den Stoß aus dem Boot

Weiße oder Breitlippen-Nashörner (Teratotherium simum) *sind nach dem Elefanten die zweitgrößten Landtiere. Sie waren schon fast ausgerottet, haben sich aber in einigen Schutzgebieten Südafrikas, Ugandas und des Kongo so gut vermehrt, daß man augenblicklich welche fängt, an Zoologische Gärten abgibt und auch acht Stück nach dem Murchison Falls-Nationalpark gebracht und dort freigelassen hat.*

heraus genau auf den Stoßzahn der Flußpferdkuh fiel. Sie griff ihn aber nicht weiter an. A. Jobaert, dessen Boot im Lulua-Fluß des Kongo von einem Flußpferd sogar umgekehrt wurde, konnte mit den übrigen Insassen trotzdem unbelästigt durch das tiefe Wasser an Land schwimmen und auch alles Gepäck retten. Ähnliche Erfahrungen machte R. von Schirach, der auf dem See der Momella-Farm in Tanganjika vor ein paar Jahren angegriffen wurde. Er mußte seinen schwimmunkundigen schwarzen Begleiter und seine beiden Gewehre mit äußerster Anstrengung schwimmend bis zu dem weit entfernten Ufer bringen. Das Flußpferd kümmerte sich nicht mehr um ihn. Wahrscheinlich halten die Tiere unsere Boote für Krokodile, die ja manchmal Flußpferdkindern gefährlich werden können.

Zu Lande kann es schon eher Zwischenfälle geben. Vor ein paar Jahren tötete ein Flußpferd zwei Ziegen in der Nähe von dem Haus des Wildwartes im Elisabethpark, ohne daß ein Grund dafür zu erkennen war. Dort wurde auch ein Radfahrer, der nachts auf der Straße mit einem Flußpferd zusammenstieß, von diesem in der Leibesmitte fast durchgebissen. Das Betreten des Albert-Nationalparkes ist in der Nacht verboten. Leider wird das aber oft nicht beachtet. Weniger traurig ging ein Zusammenstoß mit einem Lastwagen in der Nähe des Parkes auf der Straße zwischen Katwe und Kabatoro

Wenn die Oryx-Antilopen (Oryx beisa) miteinander Meinungsverschieden-
heiten haben, dann stechen oder verwunden sie sich nicht mit ihren langen
scharfen Degenhörnern. Sie schlagen mit ihnen wie mit Gerten und fechten
wie mit Floretts, ohne zuzustoßen.

am Eduard-See aus. Der Lastwagen geriet geradezu auf den Rücken
des Flußpferdes. Der aufgeregte Fahrer gab tüchtig Gas, kam aber
nicht weg, weil das sechzig Zentner schwere Tier die Hinterachse
hochgehoben hatte und die Räder den Boden nicht mehr berührten.
Zum Schluß kamen beide, Auto und Dickhäuter, ohne große Schäden davon. Am Lulua im Kongo wagen die Fischer nachts auf dem
Wasser die Fische erst dann zu speeren, wenn die Flußpferde zum
Weiden ausgestiegen sind. Mehrfach seien nämlich sonst welche auf
die Inseln herausgekommen und hätten die Feuer der Fischer wütend angenommen und einige der Leute dabei verletzt.

Auf keinen Fall ist es gut, Flußpferden auf den Wegen zu begegnen, die vom Wasser aus manchmal nur zwanzig Meter weit,
manchmal aber bis drei Kilometer zu den Weidegründen dieser Tiere
führen. Ein gestörtes und erschrecktes Flußpferd rast auf diesen
dem schützenden Wasser zu. Begegnet es jemandem auf seinem
Fluchtweg, der mitunter anderthalb Meter tief als Hohlweg in den
Boden eingeschnitten ist, so nimmt es ihn unfehlbar an. Auch sonst
kann man nie so recht voraussagen, was in so einem dicken Schädel
vorgeht. Der Flußpferdbulle »Ödipus«, der zwanzig Jahre lang
friedlich im Zirkus Sarrasani lebte und sogar durch die Straßen wat-
schelte, stürmte eines Tages in das Zelt der Elefanten und richtete
drei der festgeketteten Tiere mit seinen Hauern sehr übel zu.

Zu Lande kann es ausnahmsweise geschehen, daß Löwen auch

In letzter Zeit haben wir entdeckt, daß das Flußpferd ein Zauberkünstler ist. Mit vierzehn Magenabteilen vermag es elendes Grasstroh zu verwerten, mit dem selbst die in Afrika üblichen klapperdürren Hausrinder nichts anzufangen wissen. Das Aussehen des Flußpferdes täuscht: es enthält fast gar kein Fett im Körper, wohl aber hochwertiges schieres Muskelfleisch. Hätte man nicht aus Übermut die meisten Flüsse Afrikas von Flußpferden leergeschossen, brauchten weite Teile der afrikanischen Bevölkerung heute nicht an Eiweißmangel zu leiden.

erwachsene Flußpferde durch Bisse ins Genick und den Rücken umbringen. Das ereignete sich vor einigen Jahren an dem berühmten glasklaren Mzima-Quellenteich im Tsavo-Nationalpark von Kenia. Als aber zwei Löwen im Mündungsgebiet des Rufiji-Flusses von Tanganjika ein Flußpferdkind packen wollten, nahm die Mutter sie an und konnte einen Löwen im Schlamm töten. Ein paar Tage später raste allerdings ein Flußpferd in wilder Flucht durch das Gestänge einer Pfahlhütte, warf diese mit ihren Besitzern völlig um und wurde dann doch ein Stück weiter von dem verfolgenden Löwen getötet. Natürlich kann es der rächende Gefährte des ersten gewesen sein, aber man soll sich immer hüten, so etwas zu behaupten.

Afrikas Ströme sind noch vor hundert Jahren von Flußpferden förmlich übergequollen. Im Albert-Nationalpark des Kongo hat Verheyen noch jetzt am Semliki-Nil, der aus dem Eduard-See kommt, ein Flußpferd auf je fünfzehn Meter Fluß gezählt, strecken-weise je eins auf fünf Meter. Leider haben die europäischen Schießer, darunter auch berühmte Forscher, sich meistens damit vergnügt, vom Ufer aus auf wenige Meter Abstand die Riesentiere in den Kopf zu schießen, wenn sie zum Atmen auftauchen müssen. Dann sind für Tage und Wochen die Flüsse und Tümpel mit stinkenden, aufgeblasenen Flußpferdleichen verstopft, denn Löwen und Aas-esser können einen solchen plötzlichen Segen nicht bewältigen. Als mein Sohn Michael und ich mit unseren Frauen vor Jahren am Edu-ard-See mitten in der Wildnis in dem schönen Gästehaus wohnten, das die belgische Verwaltung dort errichtet hatte, holten unsere Boys alle paar Tage mit einem Tankauto Wasser für die Badezimmer aus dem Semliki-Nil. Am letzten Tage begleitete ich sie und stellte fest, daß sie das Wasser die ganze Zeit neben einem stinkigen, aufgedun-senen toten Flußpferd herausgeschöpft hatten...

Heute braucht man in Afrika nicht zu fürchten, auf tote Fluß-pferde zu stoßen, denn außerhalb der wenigen Nationalparks sind so gut wie alle Flüsse und Seen leergeschossen. Durch diesen Mangel an Fleisch leiden in vielen Gegenden Afrikas die Eingeborenen heute an Krankheiten, die wir nicht kennen: In Uganda zum Beispiel ha-ben die Kleinkinder in manchen Gegenden wegen Eiweißmangels statt schwarzer öfter fuchsrote Haare. Man kann auf diesen kahlge-schossenen Landstrichen nicht etwa Rinder oder Schafe halten: Die harten, vertrockneten Gräser, welche diese elenden Böden hervor-bringen, können nur in Flußpferdmägen verdaut werden. So ein Flußpferd nimmt am Tage etwa vierzig Kilogramm davon auf, also weit weniger als ein Elefant, der ein sehr schlechter Futterverwerter ist und in seinem Kot oft große Teile der Pflanzen wieder halbverdaut abgibt. Dafür hat das Flußpferd einen viel längeren Darm als der Elefant und drei große und elf kleine Magenabteile, die das harte Grasstroh chemisch umsetzen.

Unlängst hat die Veterinär-Verwaltung von Kenia einmal einen frischgeschossenen Flußpferdbullen genau wie ein Haustier ausgeschlachtet und nachgewogen. Er hatte 520 kg reines Fleisch, nur 33 kg Fettgewebe, 27 kg Leber, 7,8 kg Herz, 5 kg Zunge, 9 kg Lungen, 280 kg Knochen. Die Haut wog mit 248 kg fast ebensoviel wie die Knochen. Insgesamt wog er lebend 1456 kg. Erstaunlich war, daß diese rundlich und fett aussehenden Tiere im Gegensatz zu Schweinen und Rindern nur am Darmgekröse Fett haben, im übrigen aber schieres Muskelfleisch. Das ist für uns Menschen sehr wichtig. Fett ist in unserer Nahrung nicht unbedingt notwendig,

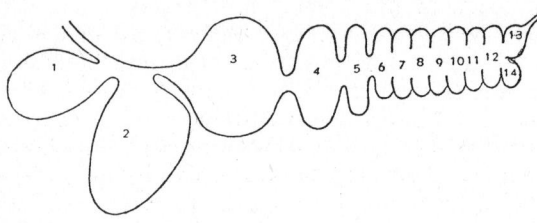

Die vierzehn Magenabteilungen des Flußpferdes (nach Verheyen.)

da unser Körper es aus Kohlehydraten selbst aufbauen kann, während er kein Eiweiß herzustellen imstande ist. Die Bewohner von tsetseverseuchten und daher hausviehlosen Gegenden haben für gewöhnlich reichlich Mais und andere kohlehydratreiche Lebensmittel, wegen des Fehlens von Milch und Fleisch sind sie jedoch eiweißunterernährt. Flußpferde dagegen sind, wie alle heimischen Wildtiere, unempfänglich für die Nagana-Seuche, die von der Tsetsefliege übertragen wird. Die ausgeschlachtet verwertbaren Fleischteile eines Flußpferdbullen machten 70,9 v.H. aus gegenüber nur 55 v.H. bei europäischen Rindern und 45 v. H. beim afrikanischen Hausrind. Ein Kilo Flußpferdfleisch ergibt überdies noch mehr Eiweiß als ein Kilo knochenlosen Rinderfleischs. Das schiere Flußpferdfleisch enthält 24,2 v.H. Eiweiß gegenüber nur 14,5 bis 19,8 v.H. bei verschieden gut genährten Rindern, 10,2 bis 17,1 v.H. bei Schafen und 9,7 bis 12 v.H. Eiweiß bei Schweinen. Der Fettanteil im Flußpferdfleisch ist dagegen nur 3,1 v.H., während das schiere Schweinefleisch 26,2 v.H. bei einem mageren und 45,5 v.H. bei einem fetten afrikanischen Hausschwein enthält, das Schaffleisch

9,0 bis 33,6 v.H. und das Rinderfleisch 5,3 bis 29,4 v.H. Weite Teile der afrikanischen Bevölkerung könnten heute von Eiweiß- mangel-Krankheiten frei sein, wenn nicht europäische Schießwut diesen Segen der afrikanischen Flüsse vernichtet hätte und wenn unsere Kolonialverwaltungen den wirtschaftlichen Wert der wilden Tiere nicht erst in den letzten Jahren vor ihrer Ablösung einzusehen begonnen hätten.

Flußpferdfleisch erinnert nicht an das der Schweine, sondern etwa an Jungbullenfleisch. Es schmeckt recht gut, auch als Salzfleisch oder Trockenfleisch. Deswegen haben die Eingeborenen früher stets gern behauptet, die Flußpferde verwüsteten ihre Äcker, um sie dann durch Europäer abschießen zu lassen. Sie können jedoch nicht springen, und nach Jobsert lassen sie sich schon durch recht leichte, mitunter fast lächerliche Zäune von Pflanzungen fernhalten.

Bei der Verdauung des trockenen Grases in den Flußpferdmägen entstehen Gase, die nicht übel riechen. Das gewaltige Tier läßt sie durch den Mund entweichen. Das ist nach Verheyen das berühmte »Gähnen« der Flußpferde, welches früher immer als Drohgebärde angesehen wurde. Jungtiere und Weibchen öffnen den Mund nur mäßig und halten den Kopf dabei waagerecht, die Bullen aber werfen ihn hoch, zeigen im weit aufgerissenen Rachen die starken Stoß- zähne und drehen dabei oft noch den Kopf seitwärts hin und her. In Tiergärten, die das Füttern durch Besucher noch erlauben, wird dieses Mundaufreißen zur Bettelgebärde.

Die Anhäufungen von zwanzig, manchmal über vierzig Flußpfer- den im Wasser bestehen fast immer nur aus Weibchen und Jungen. Die Bullen stehen einzeln abseits davon, meistens mit den Köpfen der Herde zugekehrt. Mitunter halten sich auch zwei oder drei von ihnen zusammen. Zur Paarung geht die Kuh aus der Herde heraus zu einem der Bullen. Nähert sich – etwa beim Ruhen und Sonnen an Land – ein Bulle einem anderen, so weicht dieser entweder aus, d. h. er steht auf und geht weg, oder aber er wendet seinen Körper mit dem Kopf in Richtung auf den Ankömmling. Dann beginnen beide ihren Kot abwechselnd zu entleeren, der übrigens keineswegs übel riecht. Er wird mit dem kurzen Schwanz wie durch einen Pro- peller in der Gegend verspritzt. Erst wenn die Tiere nichts mehr von sich zu geben haben, gehen sie aufeinander zu und stehen Schnauze gegen Schnauze. Wenn das Beißen beginnt, stoßen die Zähne der weit aufgerissenen Münder aufeinander, oft brechen auch Stücke davon ab. Das ist nicht weiter schlimm, da die Zähne zeitle- bens aus dem Kiefer nachwachsen. Die Tiere können sich an den Schultern furchtbare Wunden zufügen. Ist eines unterlegen und

Herden von Zebras und Gnus am Boden des Ngorongoro-Kraters.

FEEDING OR OFFERING FOOD
OF ANY KIND TO BABOONS
OR OTHER ANIMALS IN THIS
PARK IS PROHIBITED.

Auf diesem Schild im Nairobi-Nationalpark wird das Füttern der Paviane untersagt. Wie wenig sich die Besucher daran halten, zeigt der Pavian, welcher darauf sitzt und auf den nächsten Kraftwagen wartet.

An den Mzima-Quellen im Tsavo-Nationalpark haben sich gar die Grünen Meerkatzen (Cercopithecus aethiops johnstoni) angewöhnt, zu den Besuchern in die Wagen hineinzulangen.

Die Elen-Antilope (Taurotragus oryx) ist die größte und schwerste aller Antilopen. Ein Bulle soll dreizehn bis achtzehn Zentner wiegen können und 170 bis 180 Zentimeter Widerristhöhe haben können.

Mit Straußen ist manchmal nicht zu spaßen, besonders wenn sie Junge führen. Mein Freund Myles Turner beobachtete einmal, wie eine Straußenhenne, die acht Kinder führte, eine angreifende Hyäne einen Kilometer weit jagte; das Männchen bewachte inzwischen die Küken. – An dem Strauß auf unserem Bild geht gerade ein Gnu vorbei.

Dieser Elefant hat sich angewöhnt, gegen Kraftwagen loszurennen und sie
»in die Flucht zu schlagen«. Meistens sind solche Tiere kurz vorher von
Wagen aus angeschossen worden.

Die Impala-Antilopen (Aepyceros melampus) *im Tarangire-Schutzgebiet an der Tränke. Links im Vordergrund ein Termitenbau (siehe auch Seite 74, 141 und 177).*

Blick in den Ngorongoro-Krater von »Windy Gap« aus während der Trok-
kenzeit. Die dunkle Fläche auf dem Kraterboden auf der rechten Seite ist der
Lerai-Wald.

wird verfolgt, so kann es dabei noch böse Risse an den Seiten und im Gesäß geben. Der Unterlegene muß sich in einen Busch oder mitten in eine Herde von Weibern und Kindern retten.

Auch Bullen, die im Wasser einem Weibchen begegnen, begrüßen es durch Verspritzen des Kotes, und das Weibchen antwortet auf die gleiche Weise. Das sind also merkwürdige, für uns zunächst etwas abstoßende Umgangsformen.

Die Flußpferdkinder werden bekanntlich unter Wasser geboren, und zwar nach einer Tragzeit von sieben bis acht Monaten. Das erste, was sie im Leben tun müssen, ist aufzutauchen und Luft zu holen. Die Geburt ist ja in Zoologischen Gärten leicht zu beobachten, wenn man die Geduld hat, darauf zu warten. In einigen Zoos züchten die Flußpferde ja sehr gut; wir haben von Frankfurt aus schon andere Tiergärten in allen Erdteilen mit jungen Flußpferden beliefert und sogar unlängst eines nach Afrika geschickt. Das Gebären geht ziemlich glatt vor sich, das Junge kommt heraus »wie aus der Pistole geschossen«.

Bei uns im Ngorongoro-Krater, dessen Ränder etwa 2200 Meter über dem Meeresspiegel liegen, leben in dem Sumpf mitten im Kratergrund seit unvordenklichen Zeiten Flußpferde. Wie mögen sie dort hineingekommen sein? Zwar können Flußpferde sehr gut Steilhänge emporklettern, viel besser als man bei ihrer unförmigen Gestalt annehmen möchte. Man hat sie mitunter auch schon fünf bis zehn Kilometer weit vom nächsten Wasser entfernt getroffen. Im Ngorongoro-Krater sind sie vom nächsten Flußpferd-Vorkommen viel weiter weg. Ob sie wohl seit Jahrtausenden Überbleibsel einer Flußpferd-Bevölkerung sind, die in feuchteren Zeiten in der ganzen Gegend verbreitet war?

Wahrscheinlich bringt aber auch Übervölkerung diese Dickhäuter mitunter auf Wanderschaft, obwohl ihnen das für gewöhnlich nicht sehr liegt. Im Jahre 1949 breiteten sich vom südafrikanischen Krüger-Nationalpark die Flußpferde in den Flüssen von Ost-Transvaal aus. Man konnte sie damals durch leichte Unterwasserexplosionen wieder zurücktreiben, ohne welche abschießen zu müssen.

Ein berühmter Flußpferdpilger war »Hubert«, der sich Anfang der vierziger Jahre aus Swaziland nach dem Süden der Südafrikanischen Union auf Wanderschaft begab. Er war zweieinhalb Jahre lang unterwegs und legte ganz bequem täglich im Durchschnitt anderthalb Kilometer zurück. Insgesamt ist er 1600 km durch Dörfer, Farmen und Städte gewandert. Alexander Blake hat diese aufregende Reise beschrieben. Da es zufällig mehrfach regnete, wenn Hubert ankam, geriet er bald bei den Eingeborenen, und übrigens nicht nur bei diesen, in den Ruf eines »Regengottes«. Deswegen wurde er in vielen Orten mit einem wahren Jubel empfangen und mit Zuckerrohr und Gemüse bewirtet. Die Zeitungen und der Rundfunk berichteten natürlich fortlaufend über seinen Standort und wo er wohl demnächst zu erwarten sei. Hubert hielt sich meist lange auf Friedhöfen auf, blieb einmal drei Tage im Garten eines Buddhisten-Klosters und hatte eine Abneigung gegen Kraftwagen. In der Großstadt Durban hatte man geradezu eine Empfangsfeierlichkeit vorgesehen. Er machte aber einen Umweg, kam durch den Viktoriapark in die Stadt, aß sich an kostbaren exotischen Blumen satt, schlenderte durch die West Street, ließ sich an den Obstständen bewirten oder bediente sich selbst und entdeckte dann den offenen städtischen Trinkwasserbehälter, in dem er erst einmal ein Bad nahm. Später wanderte er weiter nach East London, das 350 km weiter südlich von Durban liegt. Er hatte schon 312 km zurückgelegt, als er von einem burischen Farmer mitten auf der Straße erschossen wurde. Leider konnte man den Mann nicht zwingend überführen, obwohl die Bevölkerung der ganzen Gegend über diese Untat wütend war.

Meines Wissens ist noch niemals in einem Zoologischen Garten bei einer Geburt mehr als ein Junges auf die Welt gekommen. Im Zululand hat dagegen bei St. Lucia im März 1951 eine freilebende Flußpferdkuh Zwillinge geboren. Sie selbst starb bei der Geburt. Drei Jahre vorher entdeckte H. Hediger im Garamba-Nationalpark der heutigen Kongorepublik ein merkwürdiges Zusammenleben von Flußpferden mit einem halbmeterlangen, karpfenartigen Fisch.

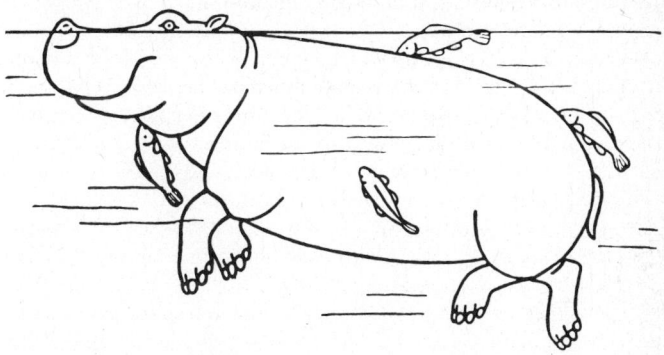

Karpfenartige Fische (Labeo-Velifer) *»weiden« in manchen Gegenden Afrikas nach einer Entdeckung von H. Hediger die Flußpferdhaut geradezu ab.*

Er hat einen Saugmund und heftet sich damit an der Kehle, am Nacken und überhaupt am ganzen Flußpferdkörper so fest, daß er beim Auftauchen mit herausgerissen wird und erst nach ein paar Augenblicken ins Wasser zurückfällt. Diese Fische scheinen die Flußpferdhaut regelrecht »abzuweiden«. Sie schwimmen träge zwischen den großen Tieren umher, und diese kümmern sich nicht darum. Da man die Fische auch beim Abweiden von alten Ästen und Holzstücken im Wasser antreffen kann, scheinen sie wohl Algen, Kotteilchen, Schleimabsonderungen auf der Flußpferdhaut zu verzehren.

Flußpferde können recht neugierig sein. Bei uns im Zoo steigt der Bulle »Toni« mit dem halben Körper aus dem Wasser, wenn sich im Elefanten-Haus oder draußen auf der Freianlage bei den Elefanten etwas Ungewöhnliches tut. Ich habe im Dungu im nordöstlichen Kongo, wo Flußpferde ziemlich selten sind, ein scheues einzelnes Tier zum Filmen dadurch zum Auftauchen gebracht, daß ich dicht am Ufer eine Trommel schlagen ließ.

Im nördlichen Transvaal ist der See Fundudzi dem Venda-Volke heilig. Dorthin kam mehrere Jahre hindurch im Winter ein alter Flußpferdbulle, der immer zahmer wurde. Irvy berichtet, daß der Hohepriester Neshiaba ihm diesen Flußpferdbullen unschwer vorführte. Junge Dorfmädchen, die gerade beim Wasserholen waren, wurden herbeigeholt und mußten tanzen und singen: Innerhalb zwanzig Minuten kam der alte Bulle herbei, näherte sich dem Ufer bis auf dreißig Meter und stand da höchst neugierig völlig frei sichtbar im Flachwasser. Viel bequemer sind diese afrikanischen Riesentiere aber selbstverständlich heute in einem der Nationalparks zu besichtigen. Im Kazinga-Kanal des Elisabeth-Nationalparks und im Viktoria-Nil des Murchison-Nationalparks in Uganda sind die Flußpferde durchaus daran gewöhnt, daß alle paar Augenblicke ein Motorboot voll Touristen von der Wasserseite her dicht an sie heranfährt. Die Besucher darin können sie so aus einem Abstand von vier bis zehn Metern bequem aufnehmen. Wahrscheinlich würde ihnen selbst dann nichts geschehen, wenn sie dort badeten – was aus gutem Grund natürlich nicht erlaubt ist. Wir haben früher öfter an dem flachen Ufer des Eduard-Sees mitten zwischen Flußpferdherden gebadet. Einzelne Bullen machten wohl gelegentlich Drohangriffe und kamen wasserspritzend mit aufgerissenem Mund auf uns los. Sie blieben aber stets in einem Abstand von dreißig oder vierzig Metern stehen.

Der Flußpferdkot bringt den gelben Gehalt von Tümpeln, Seen und Flüssen an Kleinlebewesen (Plankton) und bedingt dadurch

Hellrindige »Fieberbäume« (Acacia xanthophloa Benth) *bei Nairobi in Kenia.*

den vielfach geradezu unglaublichen Fischreichtum, der auch heute noch lange nicht ausgeschöpft ist. Flußpferde verwandeln magere Trockenböden nicht in Wüste, wie das in wenigen Jahren geschieht, wenn diese Gegenden nach Abschuß der Wildtiere von den stets mageren Hausrindern beweidet werden. Flußpferde sind sehr leicht vom Ufer aus zu jagen, sie verlassen ihren Platz nicht, auch wenn gelegentlich einige abgeschossen werden. Diese wasserliebenden Dickhäuter haben also in weiten Teilen von Afrika die Menschen jahrzehntausendelang vor Eiweißmangel beschützt – auf zweierlei Weise. Die Ausrottung dieser Wasserriesen hat viel Unheil über Afrikas Menschen gebracht. –

Gewaltige Scharen von Pelikanen, Kormoranen und anderen gefiederten Fischräubern (siehe Seite 36) verzehren ständig Unmengen von den Fischen in Afrikas flußpferdreichen Gewässern, ohne ihre Zahl mindern zu können. Mit einem merkwürdigen gefiederten Fischer haben wir uns jetzt näher befaßt.

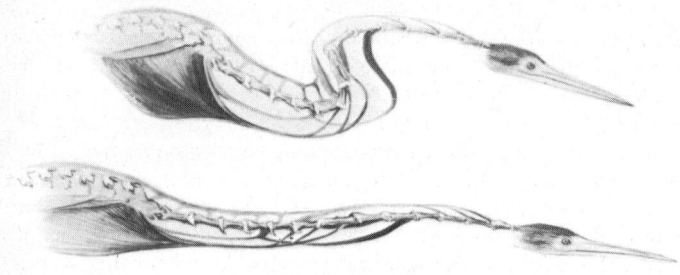

So schleudert der Schlangenhalsvogel Kopf und Schnabel als Speer in die Fische.

Vögel leben bekanntlich nicht nur in der Luft, sondern auch auf der Erde, auf dem Wasser und unter dem Wasser. Sie haben genau wie die Säugetiere und die kaltblütigen Kriechtiere alle Bereiche dieser Erde erobert. In den Zoologischen Gärten hat man sie aber bisher bei ihren Unterseeboot-Künsten nicht bestaunen können. Deswegen haben wir vor einigen Jahren in unserem Frankfurter Exotarium hinter Glas eine Polarlandschaft mit richtigem Eis aufgebaut, in der man die Pinguine vom Südpol ähnlich wie die Fische des Aquariums unter Wasser dahinschießen sehen kann; sie können es immerhin noch schneller als die amerikanischen Atom-U-Boote. Pinguine »fliegen« durch das Wasser, sie bewegen sich dort – genau wie die anderen Vögel in der Luft – durch Flügelschläge vorwärts: sie rudern also nicht mit den Füßen.

Vor einem guten Jahr habe ich zum erstenmal in meinem Leben ganz andere Vogel-U-Boote in Tätigkeit gesehen. Bevor wir nämlich in den neuen großen Vogelhallen auch Tauchvogelbecken mit Druck-Glasplatten gebaut hatten, konnte man nirgends Schlangenhalsvögel unter Wasser schwimmen sehen. In Afrika habe ich sie oft bewundert, aber natürlich immer auf Bäumen oder von der Wasseroberfläche aus. Seltsam genug sehen sie immerhin auch dann aus. Sie lieben es nämlich, auf dem Wasser nicht wie Enten, sondern mit untergetauchtem Körper zu schwimmen. So ragen nur der Kopf, der wie eine nadelscharfe Speerspitze aussieht, und der lange Hals hervor. Man weiß dann sofort, warum der Vogel Schlangenhals heißt. Dieser Hals hat immer einen scharfen Knick. Beim Zustoßen wird diese Schleife nach vorn gerade gekippt, und so schießen Kopf und Schnabel wie eine Harpune vor, mitten in einen Fisch hinein. Ganz gerade gestreckt wird der Hals jedoch dabei auch noch nicht.

Ich habe Schlangenhalsvögel auf dem Rücken friedlicher Flußpferde sitzen sehen, und besonders auf Ästen, die über das Wasser ragen. Sie breiten dort gern stundenlang die Flügel aus, wie das auch ihre nahen Verwandten, die Kormorane, lieben. So sehen sie wie Wappenadler aus. Enten haben so etwas nicht nötig, denn ihre Flügel werden beim Tauchen nicht naß, sie werden in eine Tasche des Körpergefieders gesteckt und bleiben so in einer Art Luftblase.

Oskar Heinroth, der verstorbene Direktor des Berliner Aquariums, hat in Ceylon noch Schlangenhalsvögel in großen Mengen wie eine Wolke gesehen. »Sie wälzte sich niedrig über den Wasserspiegel hin, kam jedoch auffallend langsam vorwärts und rückte in gleichmäßiger, langer Front vor. Es dauerte eine geraume Zeit, bis ich dieses Schauspiel enträtseln konnte, zumal ich eine solche Lösung eben nicht erwartet hatte. Um zu fischen, gesellen sich hier Tausende, ja vielleicht Zehntausende von Schlangenhalsvögeln zusammen, bilden einen Schwarm von einem oder mehreren hundert Metern Länge und einigen Metern Tiefe und rücken in der Weise über und unter dem Wasser vor, daß die vordersten untertauchen, nun von den fliegenden überholt werden und nach dem Auftauchen wieder fliegend nacheilen; der ganze Zug bewegt sich also gewissermaßen walzenartig vorwärts. Die Vögel fliegen so dicht, daß einmal mit einer Kugel vier Stück zugleich durchschossen werden konnten. Dabei sieht man fortwährend Trupps von anscheinend gesättigten Vögeln dem Strande zufliegen, während andere sich dem Gros neu anschließen.« – Schlangenhalsvögel kommen in Asien, in Australien,

Kopf eines jungen Großen Kudus (Strepsicerus strepsicerus). *Wenn dieser junge Bock älter wird, bekommt er ähnlich eindrucksvolle Hörner wie der Kleine Kudu-Bock auf Seite 62.*

So kann man Schlangenhalsvögel in Afrika sehen – auf dem Rücken eines Flußpferdes sitzend, um von dort aus wieder unterzutauchen. Aber nirgends in Afrika kann man ihnen bei ihrer aufregenden Unterwasserjagd zusehen, denn die afrikanischen Gewässer sind für menschliche Tauchkünste wegen der Krokodile und der gesundheitsschädigenden Bilharzien nicht gerade beliebt. Aber selbst unter Wasser könnte man diese kühnen Fischjäger nicht beobachten, weil die tropischen Gewässer trübe sind. So sieht man also jetzt in den neuen Frankfurter Vogelhallen etwas, was bisher noch keines Menschen Auge beobachten konnte.

in Amerika bis hinauf in die südlichen Teile der Vereinigten Staaten und in ganz Afrika südlich der Sahara vor. Sie sehen überall ähnlich aus. Ich habe aber in Afrika niemals solche Massen-Fischzüge von ihnen gesehen wie Heinroth in Indien. Selten sind sie auch in Afrika keineswegs, aber man trifft sie in der Regel nur paarweise an. Sie brüten mit Kormoranen und Reihern zusammen, doch meist nicht mehr als zehn bis zwölf Paare von Schlangenhalsvögeln in einer Siedlung. Im selben Nest findet man Junge verschiedenen Alters.

Der Österreicher Alfred Weidholz hat mit drei jungen Schlangenhalsvögeln, die ihm in Afrika von Schwarzen angebracht wurden, seinen lieben Kummer gehabt. Während seiner ganzen Reise mußte er sie mit der Hand mit Fischen stopfen. Es fiel ihnen einfach nicht ein, jemals selbst einen Fisch vom Boden oder aus dem Wasser aufzunehmen. Aber als einer mit den scharfen Krallen, die sie an den Zehen zwischen den Schwimmhäuten haben, am Drahtgeflecht emporkletterte und entkam, da waren fünf gute Schwimmer und Taucher von einem Boot aus lange, lange beschäftigt, bis sie das halbflügge Tier ans Ufer getrieben hatten und dort endlich erwischten. Solche zahm aufgezogenen Schlangenhalsvögel werden sehr zutraulich zu ihren menschlichen Pflegern, ja oft geradezu lästig zudringlich. Als die Weidholzschen Vögel übrigens im Wiener Tiergarten Schönbrunn in ein großes Gehege mit Wasserbecken gesetzt wurden, aßen sie sofort von allein. Sie brauchen also wohl nur einen gewissen Raum und lebende Fische, die sie selber fangen können.

In Brehms Tierleben steht noch wie in vielen anderen Büchern zu lesen, daß die Schlangenhalsvögel unglaublich schnelle Unterwasserschwimmer wären, die höchstens von Pinguinen übertroffen würden und die den Kormoranen nicht nachstünden. Das kann man bisher bei uns in Frankfurt nicht bestätigen. Es scheint eher, als ob sie sich nicht übertrieben schnell mit den Schwimmfüßen vorwärts treiben und dafür ihre Beute durch das schlagfederartige Vorschnellen des dreißig Zentimeter langen Halses auf den Schnabeldolch spießen. Von dort aus werfen sie die Beute dann nach dem Auftauchen in die Luft und fangen sie schluckgerecht mit dem Schnabel wieder auf. Kleinere Fische packen sie schon beim Fangen zwischen die beiden Schnabelhälften. Daß weder ich noch auch tüchtige schwarze Schwimmer oder gar Europäer mit Tauchausrüstung sie jemals in Afrika selbst so unter Wasser schwimmen und Fische jagen sehen können, liegt nicht nur an den Krokodilen und an den Bilharzien, die dort Menschen in vielen Gewässern nach dem Schwimmen sehr krank machen können. Ein weiterer Grund ist einfach, daß das Wasser der afrikanischen Ströme, Flüsse und

Wird er Löwen und Elefanten kennenlernen? 95 v. H. der Schulkinder Afrikas kennen die großen und berühmten Tiere ihrer Heimat nicht, weil diese nur noch in Nationalparks und ganz entlegenen Gegenden leben. Dorthin zu reisen ist für den einzelnen kostspielig und steht bisher nicht in den Unterrichtsplänen der Missions- und der öffentlichen Schulen Afrikas. Unsere »Zoologische Gesellschaft von 1858«, Frankfurt, hat daher den Bau einer Jugendherberge für Schulkinder im Serengeti-Nationalpark, Tanganjika, gestiftet. – 95 v. H. der europäischen und nordamerikanischen Schulkinder kennen dagegen die Großtiere Afrikas aus eigener Anschauung, weil es bei uns Zoologische Gärten gibt.

Seen trübe ist, während wir es in den neuen Vogelhallen natürlich genau wie in Fisch-Schaubecken glasklar filtern. Da Vögel viel mehr essen als Fische und bei diesem starken Stoffwechsel natürlich auch größere Mengen Kot abgeben, brauchen wir für diese Becken viel stärkere, mit Motorpumpen betriebene Druckfilter. Zahm sind übrigens unsere Schlangenhalsvögel auch. Sie kamen als Kinder an und haben sich inzwischen prächtig umgefiedert.

Vierter Abschnitt
Leoparden siedelt man lieber um
Ein Panther tötet zweiundzwanzig Ziegen – Leichtsinnige Siamkatze – Leoparden und Löwen – Mit bloßen Händen gegen einen Panther

Die Arbeiter, welche die Straße von Goma nach Rutshuru in der Kongorepublik wieder in Ordnung brachten, hatten die Gewohnheit, ihre Ziegen mitzubringen, wenn sie morgens antraten. Sie banden sie am Rande der Straße an Büschen oder Stöcken fest und ließen sie da weiden. Da die Leute eines Tages in der Nähe ihres eigenen Dorfes tätig waren, beschlossen sie, während der Mittagspause nach Hause zu gehen. Sie ließen ihre Ziegen – es waren im ganzen zweiundzwanzig – an der Straße. Als sie eine Stunde später wiederkamen, mußten sie entdecken, daß alle ihre Ziegen von einem Leoparden umgebracht worden waren, der dabei kaum ein Stück von ihnen verzehrt hatte. Man kann sich die Gesichter der Leute vorstellen, wenn man sich klarmacht, daß in diesem Lande die Ziege die Mitgift ist, welche ein Mann zahlen muß, wenn er eine Frau nimmt. Der Wildwart Hoyer, der die Geschichte berichtete, hatte selbst, wahrscheinlich durch denselben Leoparden, bei einem einzigen Besuch drei Hammel, siebzehn Hühner und alle Stallhasen eingebüßt. Er sagte abschließend: »Der Leopard ist von Natur aus ein Töter, er liebt es, den Tod um sich zu säen.«

Ich kenne eine ganze Reihe solcher Vorfälle, die nicht Jägerlatein sind. In der Nähe des Nairobi-Nationalparkes in Kenia drang ein Leopard in eine Hütte ein und tötete alle vierundzwanzig Schafe darin. Ein paar Tage später brachte er sechs Schafe dicht bei der Polizeistation Karen um. Er tötete auch einen hübschen irischen Wolfshund, der über einen Zentner wog, und schleppte das tote Tier anderthalb Kilometer weit durch dichtes Gebüsch.

Im Murchison Falls-Nationalpark von Uganda fuhr einer der Wildhüter mit dem Fahrrad einen Pfad entlang und entdeckte dabei in einer Bodenvertiefung ein Leopardenbaby. Vorsichtig wollte er vorbeifahren. Die Leopardenmutter aber, die er vorher nicht gesehen hatte, war zu schnell; sie sprang auf das Fahrrad. Der schwarze Wildhüter trat so fest wie er konnte in die Pedale, aber der Leopard blieb mehrere hundert Meter auf seinem Rücken. Endlich fiel er, weil das Fahrrad über ein Loch in der Straße fuhr und dabei einen harten Sprung machte, herunter. Der Mann sauste weiter; man muß

KGP 645

FROM MOUNTAIN ROYAL TO ROYAL NATIONAL
NATIONAL PARKS PARKS TSAVO
BOX 22 NYERI BOX 14 VOI
KGP 645

Leoparden sind heute in Ostafrika nicht mehr häufig. Wo man sie ausgerottet hat, nehmen die Pavianherden überhand. Von Pavianen schießt man nur einen, höchstens drei, dann lassen sie keinen Jäger mehr auf Schußweite herankommen. Wenn also Leoparden heute lästig werden, bemüht sich die Nationalparkverwaltung, die Farmer zu bereden, sie zu fangen und nicht zu schießen. Hier wird solch ein Leopard im Nationalpark wieder ausgesetzt. Man kann nicht einfach den Schieber der Kiste hochziehen, denn das Tier könnte in seiner Aufregung die Menschen angreifen. Einmal mußten der Wildwart und sein Fahrer stundenlang im Führerhaus des Lastwagens sitzen, weil der Leopard sich auf das Dach gesetzt hatte und nicht von dort wegging. Deswegen macht man heute einen Draht, der über eine Rolle an einem Baummast läuft, an dem Schieber fest und zieht diesen aus weiter Entfernung empor. Auch dann ist es noch geschehen, daß der Leopard sofort einen Mann annahm, der aus einigem Abstand vom Kraftwagen aus den Vorgang filmte. Vorher hat dieser Panther noch niemals in seinem Leben einen Menschen angegriffen, und er wird es auch später vermutlich nie tun. Nach einer Weile verschwindet er im nächsten Gebüsch.

ihn bewundern, daß er dabei nicht den Kopf (und das Gleichgewicht) verlor. Dieser Vorfall ereignete sich im Jahre 1959.

Noch schlimmer erging es einem Herrn Gowar im Ghanzibezirk
Südafrikas. Er wurde gar nicht weit von seinem Haus plötzlich von
einem Leoparden angegriffen, der hinter einem Busch hervorkam.
Weil seine Hunde dicht dabei waren, konnte Herr Gowar zuerst
nicht schießen, aber schließlich brachte er aus zweieinhalb Meter
Entfernung eine Ladung an. Trotzdem ging das Raubtier weiter
auf ihn los und warf ihn zu Boden. Da die Hunde es dann packten,
lief es weg, behielt dabei aber das Gewehr zwischen den Zähnen.

Kurz darauf kam es zurück und packte Herrn Gowar erneut,
bevor dieser Zeit hatte, wieder auf die Beine zu kommen. Er richtete
sich auf seinen Knien auf, um das Tier von sich abzuwenden.
Schließlich schafften es die Hunde, das Raubtier zu verjagen, aber
nicht bevor es den Angefallenen mit Zähnen und Klauen an Armen
und Schenkeln verletzt hatte. Der Leopard starb später an der
Schußwunde.

Bei meinem Freund, dem Wildwart Myles Turner und seiner Frau
Kay, in deren Haus ich in der Serengeti öfter als Gast wohnte,
kommt ein Leopard oft nachts auf die Veranda oder unter das offene
Schlafzimmerfenster. In dieser Gegend haben Leoparden den Menschen noch nie etwas getan. Aber sie sind ganz allgemein dafür
berüchtigt, Hunde und Katzen wegzuholen. Es ist schon geschehen,
daß Leoparden einen Hund vom Fuß seines Herrn mitten aus dem
Garten packten und wegschleppten. Deswegen haben die Turners
immer Sorge um ihre Siamkatze, die sie sehr gern haben. Dieses
Tier benimmt sich wie ein Selbstmörder. Wenn der Leopard draußen
ums Haus raunzt, will sie unbedingt zum Fenster hinaus, wahrscheinlich weil sie das für eine freundschaftliche Aufforderung hält.
Deswegen hat sie abends ein Halsband um und wird mit einer Leine
an dem Feuerherd festgebunden.

Myles kam einmal hinzu, als sich zehn Löwen unter einem Baum
darüber ärgerten, daß dort oben ein Leopard saß und seine Beute,
einen toten Thomsongazellenbock, zehn Meter hoch in den Wipfel
geschleppt hatte. Das tun Panther im Gegensatz zu Löwen und
anderen Raubtieren gern. Sie brauchen sich auf diese Weise nicht
durch die Löwen von ihrer Mahlzeit wegjagen zu lassen und müssen
sie nicht mit Hyänen, Schakalen und Geiern teilen. In diesem Fall
aber benahmen sich die Löwen so aufgeregt und drohend, daß dem
Gefleckten angst wurde. Er sprang seitwärts vom Baumwipfel herunter und verschwand. Nun kletterte ein männlicher Löwe hinauf.
Er konnte aber die Gazelle, die fest in einer Astgabel eingeklemmt

Leoparden bringen nicht nur ihre Beute in Baumwipfel, sondern sie halten dort auf den Ästen auch gern ihre Mittagsruhe. Werde ich beim Knipsen dann gar zu lästig, faucht der Räuber wütend herab – aber nur für einen Augenblick, dann legt er sich schläfrig wieder hin.

Die Reste eines weiblichen Riedbockes oben in der Krone eines Baumes verraten, daß der Leopard sich eingewöhnt hat und schon seine erste Beute in der neuen Heimat gemacht hat. Die Tiere der Wildnis sterben beinahe ohne Ausnahme eines Tages rasch und fast schmerzlos durch Raubtiere.

war, einfach nicht freibekommen. Mit Mühe schaffte er es, von dem toten Tier die beiden Hinterbeine mit Gewalt abzureißen.

In und um Seronera, dem Hauptquartier des Serengeti-Nationalparks, gibt es überhaupt eine Menge Leoparden, wenn man sie auch nicht so leicht zu sehen bekommt wie die Löwen. Myles Turner schrieb mir im Oktober: Am 10. traf ich während einer Fahrt von einer Stunde fünf verschiedene Leoparden an, von denen einer auf offener Fläche eine weibliche Grantgazelle getötet hatte. Am 11. Oktober sahen wir innerhalb einer Stunde siebenunddreißig Löwen, sechzehn davon bei einem Büffel, den sie getötet hatten. Am 12. Oktober traf ich einen Leoparden am oberen Seronera-Fluß in einem Baum mit einer getöteten Tommygazelle an. Zwanzig Meter weiter fand sich in einem anderen Baumwipfel eine zweite Thomsongazelle, und ein dritter Baum in der Nähe wies einen frisch getöteten Springhasen auf, der fest in eine Astgabel eingeklemmt war.

Übrigens sahen wir in der Nähe der Ngusero-Quellen am 16. Oktober eine Löwin mit einem gebrochenen rechten Hinterbein. Das Bein war geheilt, und es war verblüffend, wie gut sie auf drei Beinen lief. Das Tier war gut genährt und in der Gesellschaft von vier weiteren Löwen. An einem anderen Platz spielten vier Löwinnen und sechs kleine Jungtiere in einem Schlammloch des Seronera-Flusses. Alle bis auf eine Löwin stiegen in den Brei, und die Löwenkinder »schwammen« gerade im Schmutz, wobei sie manchmal in ihrer Begeisterung völlig untertauchten. Als sie endlich genug hatten und ganz erschöpft waren, kletterten sie heraus und waren über und über mit schwarzem, zähem Schlamm überzogen. Sie lagen zitternd im Sonnenschein des späten Abends, um wieder zu trocknen. Daß sie wieder sauber geworden sind, ist für mich ein Wunder. Jedenfalls waren sie so glatt und gelb wie zuvor, als ich sie ein paar Tage später wieder antraf.

Während Myles Turner einen großen weiblichen Leoparden in einem Baum bei Seronera beobachtete, starrte das Tier auf einmal auf einen Punkt im langen Gras, der ungefähr zweihundert Meter entfernt war. Sie kletterte den Stamm herab und pirschte sich dorthin, obwohl ihr der Wind dabei voll ins Gesicht ging. Schließlich sprang ein Serval dicht vor ihr auf und rannte um sein Leben.

N. Ochara, der afrikanische Führer der Wildhüter im Königin Elisabeth-Nationalpark, erzählte mir, daß Leoparden auch im Aberglauben der Eingeborenen eine große Rolle spielen. Läuft einem ein Panther während des Tages über die Straße, so bedeutet das, daß ein wichtiger Mensch in dieser Gegend sterben wird. Ein Kind, das Leopardenfleisch ißt, wird schlau und mutig. Die Einge-

Die letzten Sonnenstrahlen, ein abziehendes Gewitter – bald ist es Nacht im Ngorongoro-Krater.

Ein Dorf in Uganda. Im Hintergrund sieht man, wie die Äcker immer höher die Abhänge der bewaldeten Berge bis zu ihrer Spitze emporsteigen. Dadurch müssen zwangsläufig immer mehr Brunnen und Wasserläufe versiegen. Denn die Entwaldung hat in Afrika unter dem Äquator ganz andere Folgen als in Europa. Die Verdunstung ist dort etwa dreimal so hoch wie bei uns. In Mitteleuropa verdunstet noch nicht halb so viel Wasser jährlich, wie als Regen vom Himmel kommt. Das andere bleibt im Boden und läuft allmählich in Bächen und Flüssen ab. In Afrika saugt die Sonne vielfach jedoch mehr als das Doppelte in Form von Dampf wieder empor, jedenfalls stets mehr, als jährlich überhaupt Regen fällt. Deswegen ist in tropischen Ländern jeder Schatten durch Bäume und Pflanzen lebenswichtig. Die starke Vermehrung der afrikanischen Bevölkerung im Rahmen der Entwicklungshilfe, das zunehmende Abschlagen von Wäldern für Industrie und landwirtschaftliche Siedlung können sehr rasch fürchterliche Folgen für diese Länder haben.

Ein junger Gepard am Rande des Ngorongoro-Kraters.

weide helfen gegen Durchfall, wenn man sie kocht und verzehrt. Vergräbt man ein Stück Leopardenhaut in einem Garten, so stirbt jeder, der daraus Feldfrüchte stiehlt. Leoparden können übrigens auch ganz gut Kälte vertragen. Im Ruwenzori-Gebirge von Uganda hat man sie noch in fünftausend Meter Höhe angetroffen.

In einem Dorfe des Mtokabezirkes von Rhodesien lebt heute noch ein Mann namens Tala, der sich rühmt, vor zwanzig Jahren mit eigenen Händen einen Leoparden erwürgt zu haben. Immerhin kann er furchtbare Narben von diesem Kampf aufweisen. Damals wurde ein Leopard durch den schlechten Schuß eines Jägers so verwundet, daß die ganze Vorderpranke zerschmettert war und das Tier nichts mehr fangen konnte. Allerdings wußte niemand etwas von dieser

Verwundung, bis es endlich tot war. Das verletzte Tier ließ sich am Wasserloch in der Nähe des Dorfes nieder, wo es die Frauen und Kinder beobachtete. Es muß da wohl etwa vier Tage gelegen haben, bis es, rasend vor Hunger, ein kleines Kind packte, das neben seiner Mutter stand. Ehe das Kind auch nur aufschreien konnte, schleppte es der Panther weg und ließ die schreckerstarrte Mutter zurück. Die Überbleibsel des Opfers wurden am nächsten Tag nur hundert Meter vom Wasserloch entfernt gefunden.

Bis dahin hatte noch niemals ein Leopard in dieser Gegend ohne Grund einen Menschen angegriffen, das heißt, ohne daß er verwundet oder in die Enge getrieben worden war. Die Dorfbewohner wußten ja nicht, daß das Tier so schwer verletzt war. Zwei Tage lang durchsuchten die schwerbewaffneten Männer mit ihren Hunden den ganzen Busch. Wittert ein Hund einen Leoparden, so fängt er meistens wie wild an zu bellen, hält sich aber sorgsam in der Nähe seines Herrn. Leoparden haben nämlich besonderen Geschmack an Hundefleisch. Trotzdem blieb die Suche vergeblich.

Es war, als ob ein düsterer Schatten über dem Dorf lag. Man sah keine fröhlichen Gesichter mehr, jeder blieb abends in seiner Hütte, und niemand wagte Wasser zu holen, wenn er nicht von einer Gruppe speerbewaffneter Männer begleitet war.

Trotzdem tötete das Tier ein zweites Kind. Es sprang von einem überhängenden Ast auf einen kleinen Jungen, der mitten zwischen vier Speerträgern stand. Mit den Reißzähnen packte der Leopard den Jungen an der Gurgel, während sich die Klauen in seinen Bauch eingruben. Das Kind war sofort tot. Ehe die vier Männer überhaupt richtig wahrgenommen hatten, was geschehen war, war der Leopard schon im nächsten Busch verschwunden. Da es dunkel wurde, mußten die Männer bald die Verfolgung aufgeben und nach Hause zurückkehren.

Als Tala, ein riesiger Mann mit großen, kräftigen Händen, von dem Tod seines Sohnes hörte, schwor er Rache. Weil die Dorfleute das Tier inzwischen für verhext hielten, wagte nur *ein* anderer Mann, ihn zu begleiten. Im Busch trennten sich die beiden, um den Leoparden zu suchen. Ganz kurz darauf wurde der Mann namens Gota von dem Untier angefallen und getötet. Tala hörte seinen Kameraden noch schreien und rannte zu Hilfe. Als er herankam, stolperte er und fiel hin. Bevor er wieder auf die Beine kam, hatte ihn der Leopard angegriffen. Es war ein schrecklicher Anblick: das Tier hatte die Ohren zurückgelegt, der Schwanz stand steil in die Höhe, und Gotas Blut war über Zähne und Kopf des Raubtieres geschmiert.

Tala konnte nicht einmal seinen Speer heben. Schon hatte ihn das Tier gepackt, seine Hinterbeine gruben sich in Talas Schenkel, sie rissen sie bis auf die Knochen auf. Das Blut spritzte im Strahl hervor. Da die Schnauze des Panthers weit aufgerissen war, packte Tala den Unterkiefer, um die Zähne von seiner Kehle abzuwehren. Aber zum zweiten Male riß der Leopard mit seinen Hinterbeinen an Talas Schenkeln. Die Schmerzen und der Blutverlust waren zuviel für den Mann. Er wurde benommen. Langsam lockerten sich seine Hände. Dann aber dachte er an seinen toten kleinen Sohn, und Rachedurst überkam ihn wieder. Mit seinen langen starken Armen fand er die Kehle des Leoparden und fühlte durch die Haut seine Luftröhre. Während das Tier ihn immer fester packte, riß Tala nochmals alle seine Kräfte zusammen. Nach ein oder zwei Minuten ließ der Griff des Leoparden nach, und eine Weile später war er tot.

Obwohl viele Leute, die weit weniger schwer von Leoparden verletzt sind, nachher an Blutvergiftung sterben und obwohl es damals noch keine Antibiotika gab, erholte sich Tala. Gordon Miller ist unlängst dreißig Kilometer auf einem Esel durch den Busch geritten, um diesen Leopardenhelden zu treffen, der heute Dorfhäuptling ist, und um sich von ihm diese Geschichte erzählen zu lassen. Er ist jetzt ein alter Mann, aber seine starken Arme führen noch immer die Serima, den hölzernen Eingeborenenpflug.

Leoparden sind übrigens mit Löwen anscheinend doch etwas näher verwandt, als man zunächst der Größe und dem Aussehen nach vermuten möchte. 1960 wurden im Zoo von Hanshin in Japan zwei junge Mischlinge zwischen Leopard und Löwe geboren, die man »Leopons« nannte. Der Vater war ein fünfjähriger Löwe namens Koshivo und die Mutter eine in Japan geborene Leopardin namens Sonoko. Die beiden hatten seit Dezember 1955 gemeinsam einen Käfig bewohnt. Ihre Kinder wogen bei der Geburt je vier Kilo.

Leoparden können zwar blutgierige Töter sein, wie alle Raubtiere lieben sie es aber nicht, dabei gar zu sehr das eigene Leben aufs Spiel zu setzen. Der amerikanische Forscher Wright hat unlängst monatelang Löwen und andere Raubtiere im Nairobi-Nationalpark und im Ngorongoro-Krater beobachtet und festgestellt, wieviel und was für Tiere sie töteten. Dreizehn Opfer von Leoparden konnte er ermitteln: sieben Thomsongazellen, zwei Impala-Antilopen, je einen Pavian, einen wilden Hyänenhund, ein Gnu und ein Zebra. Diese beiden letzten großen Tiere waren jedoch nicht ausgewachsen. Leoparden halten sich also mehr an mittlere und kleine, für sie nicht so gefährliche Beute.

Wenn ich solche gelegentlichen Untaten hier nacheinander auf-

Der Serval (Leptailurus serval) *ist eine schwarz-gelb gefleckte, etwa terrier-*
große Wildkatze auf besonders langen Beinen und mit ungewöhnlich großen
Ohren. Servale können, wenn man sie von klein an mit der Flasche aufzieht,
zahm wie Hauskatzen werden und zeitlebens so bleiben.

137

zähle, wirken die Leoparden viel gefährlicher als sie sind. Ich habe die Leopardenfotos in diesem Buch in der Serengeti ganz unbewaffnet gemacht und bin dabei auf das Wagendach gestiegen, um näher an das Tier heranzukommen. Jahrzehntelang hat man Leoparden, ähnlich wie andere Raubtiere, erbarmungslos ausgerottet. Dabei hat man vergessen, daß die Leoparden zu den wenigen oder einzigen Feinden der Paviane zählen. Diese Hundsaffen haben nämlich Gebisse, welche denen der Leoparden um gar nicht so sehr viel nachstehen.

Als Herr M. Bester von Maasrust in Südafrika auf dem Wege nach Dorengs Bay war, sah er, wie ein großer stattlicher Pavianmann, der Wächter einer Pavianherde, seinen letzten Kampf gegen einen Leoparden focht. Herr Bester hatte es sehr eilig und konnte nicht abwarten, wie die Sache weiterging. Als er aber zurückkam, saß der große braune Pavian bewegungslos gegen einen hohen Termitenhügel gelehnt, den Kopf aufrecht auf den Schultern. Der Beobachter stieg den Hügel zu dem Tier empor und fand dort die Überbleibsel eines Leoparden, dem die Eingeweide herausgerissen waren. Als er sich den toten Pavian näher besah, entdeckte er, daß das Tier an einer Rückgratverletzung gestorben war.

Nachdem man die Leoparden in Ostafrika weitgehend ausgerottet hatte, nahmen die Paviane so überhand, daß man in den Pflanzungen und auf den Äckern der schwarzen Bauern ihrer kaum Herr werden konnte. Paviane überfallen auch neugeborene Antilopen oder Hausziegen und verzehren sie. Deswegen sind schon seit einigen Jahren die Leoparden längst wieder geschützt. Wo sie in der Nähe von Farmen lästig werden, bemüht man sich jetzt des öfteren, sie nicht abzuschießen, sondern einzufangen und in Nationalparks zu bringen. Die Bilder auf den Seiten 126/127 zeigen, wie so etwas vor sich geht.

Fünfter Abschnitt
Der Kampf um die Nashörner im Ngorongoro
Mehr Städter, mehr Tierfreunde – Nashörner bringen Reisende nach Tanganjika – Nashörner als Spielzeug für Löwen – Die Massai beginnen sie zu speeren – Achtzigjährige reisen zu den Löwen – »Wir übernehmen die Verantwortung für unsere Natur und erklären feierlich ...«

Vom alten »Kaiserhof« her, der heute »New Africa Hotel« heißt, ging ich am früheren deutschen Offizierskasino vorbei – jetzt britischer Beamtenklub – durch die Palmenstraßen von Dar es Salaam. Widerwillig hatte ich mir ein weißes Hemd mit langen Ärmeln angezogen und einen Schlips umgebunden. Über dem Arm trug ich eine richtige Jacke, die ich mir aber erst kurz vor seiner Tür anziehen wollte. So etwas muß man schon tun, wenn man bei dem künftigen Ministerpräsidenten des Landes Tanganjika (unserer früheren Kolonie Deutsch-Ostafrika) Besuch machen will. Aber der schlanke, schwarze Mann, der an der Universität von Edinburgh in Schottland seinen Doktortitel erworben hat, empfing mich in einem blauen Polohemd. So durfte ich auch die Jacke über eine Stuhllehne hängen. Es war wohl weniger eine Unterhaltung als vielmehr eine einseitige Predigt, die ich diesem gescheitesten Politiker Afrikas an jenem feuchtwarmen Januarmorgen des Jahres 1960 gehalten habe. »Kein Afrikaner, aber auch kein Brite, der sein Leben in Afrika verbringt, macht sich klar, wie sich die Gefühle der Millionenmassen in den Großstädten Europas und Amerikas gegenüber den Tieren gewandelt haben«, so sagte ich ihm. »Die Menschen leben nicht mehr wie ihre Großväter zwischen Kühen, Hühnern und Schweinen in Dörfern und Kleinstädten, vor ihren Häusern stehen keine Wagen mehr mit abgesträngten Pferden, die aus dem umgehängten Hafersack futtern, sondern lackglänzende Kraftwagen. Die heutigen Städter hausen in Betonschluchten zwischen Auspuffgasen und Neonlicht. Um 1790 lebten 94,9 v.H. des amerikanischen Volkes auf dem Lande, nur 5,1 v.H. in der Stadt. 1950 waren bereits 64 v.H. Städter geworden! In Deutschland gab es 1870 noch 62,6 v.H. Dörfler und 37,4 v.H. Städter – 1950 aber hausten schon 71,1 v.H. in der Stadt. So hat sich das Leben von großen Teilen der Menschheit in achtzig Jahren mehr gewandelt als vorher in fünfhunderttausend Jahren. Zum ersten Male, seit es Menschen auf diesem Erdball gibt, lebt eine so große Menge davon völlig getrennt von der Natur und ihren Tieren. Gerade deshalb interessieren sie sich immer mehr für die

Tiere, die sie nicht mehr haben. Die Zoos wachsen von Jahr zu Jahr, die Zeitungen bringen mitunter fettere Schlagzeilen über einen mißhandelten Hund als über ein gleichzeitiges Autounglück, bei dem mehrere Menschen umkamen. Als die Russen die Hündin »Laika« ins Weltall schossen, versammelten sich empörte Engländer vor der sowjetischen Botschaft in London, während später niemand etwas dagegen einwandte, den Major Gagarin, einen Menschen, zum Astronauten zu machen. Auch in ihren Ferien wollen Menschen Eindrücke bekommen, die sie im Alltag nicht haben. Liest man Reisebücher von vor 180 Jahren, dann findet man Städte, Schlösser, Häfen, Fürstenhöfe beschrieben. Die Leute müssen wochenlang langsam mit der Postkutsche durch schönste Landschaften gefahren sein – sie haben sie kaum wahrgenommen. Da heute umgekehrt die Natur selten geworden ist, fahren die Urlauber in die Berge, sie suchen See und Sonne. Sie werden auch bald zu den so selten gewordenen Mitgeschöpfen reisen.

Italien, Spanien, die Schweiz gleichen ihre Außenhandelsbilanz durch Touristenverkehr aus. Aber ganz offen gesagt, Dr. Nyerere: Ihr Land ist eigentlich nicht so schön, daß es Besucherströme anziehen könnte – vielleicht vom Kilimandscharo abgesehen. Die Rocky Mountains, die Alpen sind malerischer als die Usumburaberge. Was die tierhungrigen Massen-Menschen hier sehen wollen, sind einfach Giraffen, Elefanten, Löwen, Zebraherden, Nashörner!«

Aufmerksam hörte mir der Afrikaner zu. Hin und wieder nickte er. Er schien noch etwas Zeit für mich zu haben.

»Zu Zeiten unserer Großväter konnten nur reiche Leute zur Erholung an die Riviera reisen. Sie hätten sich damals nicht träumen lassen, daß jetzt in jedem Frühling Millionen von ›kleinen Leuten‹ und Arbeitern über die Alpen fahren und die Bäder Italiens übervölkern. Jedes Jahr nimmt der Urlauberverkehr um 10 v.H. zu; jedes Jahr können mehr Leute in Europa und Amerika sich weite Reisen leisten. In ein paar Jahren wird man nicht mehr wie heute elf Stunden brauchen, um von Frankfurt nach Ostafrika zu fliegen, sondern vielleicht nur noch drei. Die Feriengäste, die immer wieder neue Reiseziele sehen wollen, werden dann hier herunterkommen – wenn nicht inzwischen die wilden Tiere Tanganjikas ausgerottet worden sind.«

Ich nahm das Mittagessen als Gast im britischen Beamtenklub, diesmal mit Jacke.

»Was hat er gesagt, haben Sie ihn überzeugt?« fragten mich meine Freunde.

»Er hat allem zugestimmt«, sagte ich. »Aber das will gar nichts

Eine Herde weiblicher Impalas (Aepyceros melampus) *hastet an uns vorbei. Die Impalas leben häufig in Männerherden und Weiberherden getrennt. Bei diesen ist nur ein Bock, der den ganzen lieben langen Tag seine redliche Mühe hat, alle Nebenbuhler abzuhalten und zu vertreiben. (Siehe auch Seite 74 und 177.)*

141

Drei Herden von weißbärtigen Gnus (Gorgon taurinus) ziehen während ihrer jahreszeitlichen Wanderung in Gänsemarsch-Heersäulen über die Serengeti-Ebenen. Die festgetretenen uralten Pfade, die sie benutzen, kann man auf dem Lichtbild nicht erkennen.

besagen. Ich kenne das von unseren europäischen Politikern. Sie sagen zu allem ja und amen, wenn es nicht gerade das Gegenteil von ihrer Parteibibel ist. Wenn man weggeht, tun sie etwas ganz anderes. Ich weiß nicht, was Dr. Julius Nyereres wirkliche Meinung ist.«

Ein paar Wochen später in Frankfurt wußte ich mehr darüber. Ich las im ›Daily Telegraph‹, einer der größten Londoner Tageszeitungen, ein Gespräch, das Dr. Nyerere mit einer englischen Berichterstatterin geführt hatte. »Ich selbst mache mir nicht viel aus wilden Tieren«, stand als Schlagzeile darüber. Das hatte der frühere katholische Missionslehrer Nyerere zu ihr gesagt, und er hatte hinzugefügt: »Ich kann mir nicht vorstellen, daß ich meinen Urlaub damit verbringe, mir Krokodile anzusehen. Aber ich weiß, daß Europäer und Amerikaner das lieben, daß sie Elefanten und Giraffen sehen wollen. Tanganjika hat noch die meisten Wildtiere von ganz Afrika. Ich werde dafür sorgen, daß die Besucher sie sehen können. Nach meiner Auffassung werden die Wildtiere Tanganjikas nach Sisal und Diamanten die drittstärkste Einnahmequelle unseres Landes werden.«

Ich war an jenem Tage sehr glücklich. Hätte dieser Führer der einzigen politischen Partei Tanganjikas, der TANU, ähnlich wie die meisten anderen schwarzen Politiker, erklärt, er sei überaus tierlieb – weil die Europäer das gern hören –, so hätte mir das viel weniger gefallen. Aber dieser Sohn eines kleinen Häuptlings aus der Umgebung der Serengeti-Steppen war nüchtern und ehrlich.

Würden sich Dr. Nyerere und die anderen neuen afrikanischen Politiker jedoch auf Zukunftswechsel verlassen? Ich wollte ihnen beweisen, daß die Besucher schon heute kommen.

So versuchte ich einen kleinen Bluff. Ich erzählte ganz nebenbei in meinen Fernsehsendungen, daß man jetzt für ganze zweitausend Mark nach Afrika fliegen, dort die Serengeti und die anderen Wildgebiete besuchen und wieder nach Frankfurt zurückkommen könnte. Das war zu diesem Zeitpunkt nicht wahr, zugestanden. Aber eine Menge Leute gingen in die Reisebüros, sie wollten solche Reisen mitmachen. Die überrumpelten und ahnungslosen Reisegesellschaften riefen an und schrieben an mich; sie fragten, wer denn solche Sammelfahrten unternähme. Weil soviel Nachfrage war, fuhren tüchtige Fachleute nach Tanganjika, handelten die Preise mit den Gastwirten aus und veranstalteten diese Fahrten – zu *dem* Preis, den ich ursprünglich in etwa angenommen hatte. Unsere hundert Jahre alte »Zoologische Gesellschaft von 1858«, Frankfurt, wurde Schutzherrin solcher Fahrten. Und bald fragten ausländische Unternehmer an, sie wollten es den Deutschen nachmachen.

Mit den ersten fünfundachtzig Sammelreisenden in einer gemieteten viermotorigen Maschine war ich also im Dezember über Kairo nach Kampala geflogen und von dort erst nach dem Kongo gereist. Dann zog es mich auf Umwegen über Ruanda und um den Viktoria-See nach unserem zweiten Zuhause, der Serengeti. Dort liegt am Rande des Ngorongoro-Kraters das Grab meines Sohnes Michael. Dieser größte Krater der Welt beherbergt auf der riesigen Grasebene in seinem Innern einen natürlichen Zoologischen Garten: gegen achttausend große Wildtiere. Zwar ist der Ngorongoro einer der herrlichsten Plätze Afrikas, aber trotzdem hat man ihn 1959

*Dieses kleine Nashorn erschien eines Tages zwischen den Häuschen der Wild-
hüter des Tsavo-Nationalparks in Kenia in der Nähe von Voi. Es ließ sich
nicht vertreiben und lief den Menschen nach. Da keine Mutter dazu zu finden war – wahrscheinlich hatten Wilddiebe sie getötet –, blieb nichts anderes
übrig, als das Tierchen mit der Flasche großzuziehen.*

In den letzten Jahren haben die Massai begonnen, im Ngorongoro-Krater die zahmen Nashörner mit Speeren umzubringen und ihre Nasenhörner im Schwarzhandel zu verkaufen. – Die von uns erfundene Zebrastreifen-Bemalung ist später von einer Reisegesellschaft für Hunderte von Klein-Bussen übernommen worden, die heute in ganz Afrika fahren. – Nashörner gehen gern auf festgetretenen Wechseln und Pfaden.

Es gibt auf der ganzen Welt eigentlich nur eine Löwenart, die überall etwa gleich aussieht oder ausgesehen hat – von Gir in Indien, wo noch die letzten asiatischen Löwen leben, bis nach Südafrika.

Auf einen Löwen entfallen im Jahr etwa fünfzehn Stück großes Wild mit einem Durchschnittsgewicht von 110 kg. Er teilt es natürlich mit seinen Rudelgenossen. In zehn selbständigen Lebensjahren vollbringt jeder Löwe damit etwa 190 Tötungen. Dieser Löwe bei Seronera zerrt ein totes Zebra weg, weil ich ihm beim Fotografieren zu nahe komme.

In einem früheren Buch (›Wir Tiere sind ja gar nicht so‹) habe ich beschrie-
ben, wie ich mit künstlichen Gestalten und lebensgroß gemalten Pferden
ausprobierte, ob Hauspferde ihre Artgenossen nur am Geruch oder mit dem
Auge erkennen. Solche Versuche habe ich hier mit Wildpferden, also mit
Zebras im Ngorongoro-Krater, wiederholt. Mein künstliches Zebra war ein
Holzgestell, überzogen mit bemalter Leinwand. Eigentlich sollten zwei
Männer wie Clowns im Zirkus oder bei Maskenfesten hineinkriechen. Auf
dem unteren Bild sieht man, daß der bewegungslose, große Artgenosse am
Wasser die wildlebenden Zebras recht stark beschäftigt hat. Keine einzige
Gruppe von Zebras ging vorbei, ohne stehenzubleiben oder zumindest die

Zebra-Gestalt höchst neugierig anzusehen. Drei Gruppen gingen dicht heran, wobei einzelne Zebras das künstliche Zebra an den Nüstern und am Schwanz berochen. So begrüßen auch Hauspferde einen neuen Artgenossen. Zwei Hengste beschäftigten sich besonders damit. Sie trauten sich zwar nicht ganz an die fremde Gestalt heran, konnten sich aber auch für etwa eine halbe Stunde nicht davon trennen. Sie sahen immer wieder drauf hin und hielten sie offensichtlich für eine Stute. Leider war in diesem Augenblick der Kameramann im Wagen durch das lange Warten und die Hitze eingeschlafen. Ich wagte nicht, ihn anzurufen, konnte den Vorgang jedoch im Lichtbild festhalten.

Nashörner benehmen sich, sofern man sie nicht jagt, wie Hauskühe. Auch wenn ich im Ngorongoro-Krater aussteige, sehen sie nur eine kurze Zeit hin. Das rechte Nashorn hat übrigens von Geburt her keine Ohrmuscheln.

vom Serengeti-Nationalpark abgetrennt, weil man neben den Wildtieren die Rinderherden der Massaihirten weiter darin weiden lassen wollte. In einem Nationalpark, einem für ewig gedachten Naturschutzgebiet, sollen nun einmal Menschen nichts zu tun haben. Bis dahin hatte es ständig Scherereien mit diesen Hirten gegeben.

Der Ngorongoro-Krater war immer dafür bekannt, daß jeder Besucher an jedem Tag und zu jeder Stunde mit Sicherheit *Nashörner* antreffen konnte. Das kann man sonst in Afrika nur noch an einer einzigen Stelle verbürgen. Die Ngorongoro-Nashörner sind gemütliche Geschöpfe, auch wenn eines von ihnen fünfunddreißig Zentner wiegt. Man kann bis auf ein paar Meter an sie heranfahren, ja wer es versteht, macht eine Nashornkuh oder einen Nashornbullen neugierig, indem er ähnlich fiept wie diese Tiere selbst. Dann wendet ein Nashorn seine großen Trichterohren dem Auto zu und geht im Kreis um es herum, wobei es immer näher kommt. Sie sehen nämlich sehr schlecht und wollen den Wind von uns haben.

In dem Wald neben dem See im Kratergrund hat man vor zwei Jahren ein Nashorn gefunden, das offensichtlich von den Löwen umgebracht worden war. Jedenfalls hatte es am Hals schwere Verletzungen von Löwenkrallen, vermutlich hatten sie ihm das Genick gebrochen. Aber obwohl in den nächsten Tagen ein Rudel Löwen in der Nähe des toten Tieres herumlungerte, rührten sie es nicht an. Für gewöhnlich tun sich diese beiden Tierarten nämlich nichts zuleide. Selbst der wahre König der Tiere, der Elefant, nimmt manchmal auf Nashörner Rücksicht. Wenn sich ein Elefant und ein Nashorn etwa auf einem engen Wechsel im Gebüsch begegnen, dann drohen sie sich gegenseitig. Meistens weicht dann das Nashorn aus oder geht zurück, mitunter hat man aber auch gesehen, daß sich der Elefant vertreiben ließ.

Daß Nashörner aber auch recht liebenswerte Züge zeigen können, verrät der Bericht eines Wildhüters. Er sah eines Tages drei Nashörner – mit einem vierten dahinter – in ganz ungewöhnlicher Weise aus dem Wald im Ngorongoro-Krater herauskommen. Sie drückten sich mit den Schultern eng zusammen. Bei näherer Besichtigung stellte sich heraus, daß es drei Kühe waren und daß die mittlere davon wohl ganz dicht vor der Geburt stand. Die beiden anderen unterstützten sie beim Laufen. Als diese drei Nashornmütter entdeckten, daß sie beobachtet wurden, hielten sie an, aber obwohl sie sich plötzlich sehr wachsam umblickten, rieb eine der Kühe weiter mit der Seite ihres Kopfes und Hornes die Flanke der werdenden Mutter. Drei Tage später entdeckte der Wildhüter, daß inzwischen tatsächlich ein Kalb geboren worden war.

Mitten im Krater vergnügten sich eines Tages sechs fast erwachsene Löwen und Löwinnen damit, ein Nashorn zu necken. Sie umzingelten es, und von Zeit zu Zeit lief einer von hinten auf das Nashorn zu, sprang es schnell an und patschte es auf das Hinterteil. Natürlich war der Dickhäuter empört, fuhr herum, fand aber niemanden. Nach einiger Zeit weigerte sich das Rhinozeros, von weiteren Klapsen auf sein Hinterteil noch Kenntnis zu nehmen. Daraufhin verloren auch die Löwen den Spaß daran und gingen davon. Das ist kein Einzelfall; Nashörner scheinen öfter den Löwen zum Zeitvertreib zu dienen. Mervyn Cowie, der Direktor des Nationalparks von Kenia, erzählte mir einen ähnlichen Vorfall mit einer Löwin namens Lulu, die er angefüttert und an sein Auto gewöhnt hatte. Eines sehr frühen Morgens sah er ihre zwei Kinder im Nairobi-Nationalpark mit einem Nashorn beschäftigt. Ein Junglöwe schlich sich von hinten heran, gab dem ahnungslosen Tier einen Schlag gegen das Bein und rannte davon. Dieser Trick wurde so

Auf Seite 149 habe ich bereits gezeigt, wie sich die Zebras im Ngorongoro-Krater zu unserem nachgemachten Zebra verhielten. Als ich nun erproben wollte, was die Löwen mit unserem Kunstzebra machten, habe ich nicht gewagt, es vor ihnen aufzubauen, denn ich wußte ja nicht, ob sie es nicht vielleicht schon dann angreifen würden, wenn wir noch damit zu tun hatten. Schließlich sind in früheren Zeiten, als man noch mit Pferd und Wagen durch Afrika zog, des öfteren Reiter ihrer Pferde wegen von Löwen angefallen worden. Deswegen zog ich schon im Schutz eines Wäldchens außerhalb der Sicht von Löwen das Leinwand-Zebrakleid über das Gestell und stopfte es mit Kissen aus. Dann hob ich eine Seitentür unseres Geländewagens aus und band das Untier seitwärts daran. Wir fuhren so vor die Löwen, daß unsere Zebra-Gestalt auf jener Seite des Wagens hing, die ihnen abgewendet war. Der Strick ging um den Bauch des Kunstzebras herum durch die Tür und die Dachluke; wenn man ihn lockerte, konnte man das Zebra, von der Schulter gestützt, auf die Erde lassen (Seite 148). Der Wagen kann in diesem offenen Steppengelände ohne Schwierigkeit meist bis auf fünf, ja einen Meter an Löwen heranfahren. Ich konnte im Sichtschutz des Wagens aussteigen, das Zebra herablassen und es zurechtstellen.

So stand die Kunstgestalt zunächst etwa fünfzehn Meter entfernt von zwei ausgewachsenen weiblichen Löwen, die auf einer kleinen Bodenerhebung mitten in der Grasfläche lagen und die Umgebung beobachteten. Eine Löwin ging leider weg, die zweite lief, kaum daß der Wagen weggefahren war, auf das nachgemachte Zebra zu und packte es von hinten mit der Pranke *über die Kruppe. Das Kunstzebra fiel um, die Löwin beroch es einige Male und ging dann weg. Das alles hielten wir mit Schmalfilm fest. Das Stoffzebra zeigte zwei mäßige Risse an der linken Halsseite. Während des ganzen Hergangs standen unsere Geländewagen etwa vierzig Meter entfernt offen im niedrigen Gras.*

Zwei andere Gruppen von Löwen sahen ständig zu dem Gebilde hin, packten es aber nicht. Darauf holten wir das Stoffzebra von der ersten Stelle weg und brachten es, an der abgewandten Wagenseite hängend, bis auf etwa zwölf Meter vor eine Löwin. Als wir mit dem Wagen weggefahren waren, kroch diese etwa drei Meter näher an das künstliche Tier heran. Plötzlich warf ein Windstoß das etwas unsicher aufgestellte Gebilde um. In demselben Augenblick sprang die wartende Löwin auf und packte das umgefallene »Zebra«. Nun lief auch die erste Löwin, die zuerst nicht angegriffen hatte, an der anderen Bachseite ein Stück entlang von dem Lock-Zebra weg und sprang dann, alle vier Beine von sich streckend, steif über das Wasser. Offensichtlich war der Bach, den wir erst gar nicht bemerkt hatten, der Grund gewesen, warum sie unser Kunstzebra zunächst nicht angenommen hatte.

Jetzt stellten wir unseren Lockvogel vor einem Löwen und elf Löwinnen auf, die ziemlich dicht beieinander auf einer kurz abgeweideten Grasfläche lagen. Ein weiterer männlicher Löwe saß vierzig Meter von der Gruppe entfernt und beobachtete diese aufmerksam. Als wir ihnen dann die Sicht auf das etwa zwanzig Meter entfernte Gebilde freigaben, sahen einige Löwinnen es sehr genau an, andere und der Löwe blickten von ihm weg. Da wir gerade in der Verlängerung der Linie von den Löwen zum Kunstzebra standen, hupten wir, um die Löwinnen nach uns und damit zur Kunstgestalt blicken zu lassen. Tatsächlich erhoben sich einige Weibchen, geführt von dem männlichen Löwen, und liefen darauf zu. Er packte das »Zebra« zuerst, und zwar von hinten über dem Rücken (siehe Seite 152 unten). Fast alle übrigen Löwinnen kamen nach, spielten mit dem künstlichen Zebra, berochen es, zeigten sich aber bald uninteressiert und gingen wieder an ihren alten Platz zurück. Nur drei oder vier Löwinnen blieben dabei. Da ich die Sorge hatte, daß sie das Stofftier zerreißen würden, fuhr ich in ihre Nähe; weil sie das aber nicht störte, stieg ich aus dem Wagen und wedelte mit einer Wolldecke. Auf diese Weise konnte ich sie verscheuchen. Das Lock-Zebra zeigte einige weitere kleine Risse, der Schwanz war beschädigt. Wir setzten diese Versuche noch mehrfach fort. In keinem Fall haben die Löwen also das Zebra-Gebilde am Kopf oder zunächst am Hals gepackt oder Miene gemacht, das Genick durch Zurückreißen des Kopfes zu brechen. (Vergleiche ›Zeitschrift für Tierpsychologie‹, Band 17, Seite 351.) Nach einem Lichtbildvortrag des Direktors des Dresdener Zoos, Prof. W. Ullrich, greifen die letzten asiatischen Löwen, die im indischen Gir-Schutzgebiet leben, in der gleichen Form lebende Rinder an, welche dort von Besuchern »gestiftet« werden und mit einem Strick an einen Pfahl oder Baum angebunden sind.

lange wiederholt, bis das Nashorn ganz aufgeregt war und wie ein Schwein quietschte. Lulu saß in einiger Entfernung und rief ständig ihre Sprößlinge, aber sie hörten nicht. Schließlich nahm das Nashorn den Kopf tief, stellte seinen Schwanz steil in die Höhe und lief in schnellem Trab davon. Erst jetzt kehrten die beiden Junglöwen – sichtlich zufrieden – zu ihrer Mutter zurück.

Diesmal mußte ich zwei Tage lang nach meinen dickhäutigen Freunden im Krater suchen, bis ich zwei Kühe antraf. Sie standen unbeweglich auf der kahlgeweideten, trockenen Grasfläche. Madenhackervögel kletterten auf ihnen herum, sie hingen sogar mit ihren Greiffüßen an der Unterseite der Nashornbäuche. Als sie empört aufflogen und schimpfend davonflatterten, störte das die beiden Riesen nicht im geringsten. Nach einer Weile flogen die rotschnäbligen Vögel einer nach dem anderen wieder auf die Nashörner zurück.

Seit meinem letzten Besuch vor fast einem Jahr ist hier mancherlei geschehen. Seitdem der Wildwart des Nationalparks, mein Freund Gordon Harvey, aus seinem blumenumwucherten Hause oben am Kraterrand abziehen mußte, haben die Massaihirten sich nicht an das gehalten, was ihr Stamm vorher so feierlich den Regierungsbeamten und den schwarzen Politikern geschworen hatte. Immer wieder fand man tote Nashörner oder ihre Knochenschädel in den weiten Ebenen des Kraterbodens oder außerhalb, im Gelände um den Krater. Die Massai wollten damit nichts zu tun gehabt haben.

Dann schleppten sich schwerverwundete Nashörner die Hänge des Kraters herab in den Talboden. Zwischen ihren Rippen steckten ein oder zwei Massaispeere mit ihren schwerterlangen, zweiseitig geschliffenen, biegsamen Eisenspitzen. Die Familien-Älteren unter den Massai können sehr wohl feststellen, wem so ein Speer gehört, denn jeder sieht anders aus. Hatte man allerdings nach langem Suchen hier und da einen jungen Massaikrieger als Übeltäter ermittelt, dann behauptete er, das Nashorn hätte *ihn* angegriffen. »Ich mußte mein Leben verteidigen, und dabei habe ich das Kifaru töten müssen!«

Ich würde zwar jedem tausend Mark zahlen, der es fertigbringt, einem Nashorn, das wütend auf ihn zurennt, schräg von hinten einen Speer zwischen die Rippen zu stoßen. Aber britische Richter sind eingeborenenfreundlich, im Zweifelsfalle entscheiden sie zugunsten des Angeklagten, und außerdem wissen sie meistens mehr in Gesetzbüchern als mit Nashörnergebräuchen Bescheid. Wird wirklich einmal ein Massai verurteilt, dann sagt er, er sei ein armer Mann und besäße gar keine Kühe. Die Rinderherden gehörten alle seinem Onkel oder seinem Bruder. Wer will bei den Massai, deren

Abbildung links:
Dieser Massaispeer steckte in einem getöteten Nashorn des Ngorongoro-Kraters und ist von dem sterbenden Tier ganz krumm gebogen.

Abbildung rechts:
Schädel eines Nashorns, das von den Massai oberhalb des Ngorongoro-Kraters getötet worden ist. Das Nashorn ist aus dem Schädel mit der Knochenfläche, auf der es saß, herausgeschlagen. Es wurde von den Massai an Schwarzhändler verkauft.

Sprache kaum ein anderer Schwarzer oder Europäer versteht, die verwickelten Besitzverhältnisse an den Kühen und Bullen herausfinden? Sie haben übrigens schon seit alters her den Grundsatz, daß Schwüre und Eide nur unter Massai gelten, nicht gegenüber anderen Afrikanern oder gar Europäern. So geht ein Nashorn nach dem anderen dahin.

Sie sind so feine Kerle, diese schlanken, hochgewachsenen und hochmütigen Massai. (Siehe auch Seite 193). Erst langsam beginnen sie zu ahnen, daß sie bald nach den wilden Tieren des Massailandes selber untergehen werden. Wir Deutschen, und später auch die Briten, haben diese kriegerischen Hirten, die uns in nichts nachahmen, schätzen gelernt. Sie nehmen keine europäischen Kleider an, sie schießen nicht mit Gewehren, nicht einmal zu Fahrrädern oder Rundfunk kann man sie überreden. Die anderen Afrikaner lachen über sie, weil sie keine Europäerhosen anziehen, sondern unter der langen, römischen Toga nackt gehen.

Aber nicht Massai werden künftig Afrika regieren, sondern neuzeitliche Afrikaner, die es nicht verachten, lesen und schreiben zu lernen und mit Kraftwagen zu fahren. Diese gebildeten Schwarzen

Löwen-Liebespaare sondern sich vom Rudel ab und bleiben ein paar Tage ganz für sich allein. Der Löwe ist ein sehr fleißiger Liebhaber. Wenn man die Tiere mehrere Stunden hindurch beobachtet, kann man etwa alle zwanzig Minuten eine Paarung beobachten. Im Dresdener Zoo paarte sich ein Löwe mit der Löwin in acht Tagen 360mal. Bei Löwen gibt es in Afrika keine eigentliche, bestimmte Paarungszeit im Laufe des Jahres.

Die Löwin sondert sich vom Rudel ab, um irgendwo zwischen Felsen oder im Gebüsch die Jungen zur Welt zu bringen. Etwa nach sechs Wochen führt sie sie dem Rudel wieder zu. Oft kümmern sich auch »Tanten« um die Kinder. Da die säugende Löwin das Gesäuge und die Zitzen beim Streifen durch das Gebüsch einziehen kann, ist es oft schwer festzustellen, wer die Mutter ist. Hier haben zwei Löwinnen ihre Würfe jüngerer und älterer Kinder vereinigt.

haben für »Wilde« sehr viel weniger übrig als wir romantischen Europäer. Vor allem dann, wenn diese Hirtenstämme das meiste Land im Staat besitzen, es mit viel zu großen Rinderherden überweiden und in Wüste verwandeln, von ihren Kühen aber nichts verkaufen. So tragen sie kaum etwas zu der Ernährung eines Landes bei, dessen Menschen an Fleischmangel leiden. Denn die Massai veräußern keine Kühe, weil sie kein Geld brauchen. Ihre Bedürfnisse sind so gering: Rohlinge zum Schmieden der Speere, ein paar Meter rotbrauner Stoff für die Umhänge, ein bißchen Manjokmehl. Sobald sie mehr Geld haben, kaufen sie höchstens wieder – Kühe.

»Es ist ein Jammer mit diesen Kerlen«, sagt mir einer der schwarzen Politiker. »Wenn man ihnen einreden könnte, Kraftwagen oder Kühlschränke oder wenigstens Hosen und Schuhe zu kaufen, dann würden sie vielleicht jedes Jahr fünf vom Hundert ihrer Rinder verkaufen. Aber so?«

Die Massai sind bei den Ackerbauern ringsherum nicht beliebt. Die jungen Massaikrieger, die nicht arbeiten dürfen, haben früher, bevor wir Europäer kamen, immer die Nachbarn überfallen und ihnen die Rinder und die Frauen weggeholt. Sie tun das auch heute noch, zumindest stehlen sie die Rinder. Das gibt jedesmal viel Aufregung, Einsatz von Polizeiflugzeugen, hin und wieder auch ein paar Tote. Ich glaube nicht, daß es den Massai sehr gut ergehen wird, wenn die anderen Afrikaner, nun ganz allein, im Lande regieren.

Im Lande der Massai gibt es die meisten wilden Tiere. Bisher haben sie ihnen kaum etwas getan, weil sie nur Rindfleisch, aber keines von anderen Tieren essen. Ihre einzige nüchterne Hoffnung, ihr Land gegen den Druck der bodenhungrigen, jetzt politisch so mächtigen schwarzen Ackerbauern ringsherum zu halten, sind gerade die Zebras, Löwen, Elefanten und Nashörner. Diese Tiere werden dem neuen Staat Tanganjika viel ausländisches Geld durch Besucher einbringen, nicht die verhungerten Massaikühe. Europäer werden neben Büffeln und Gnus auch gern die stolzen, schlanken Massaikrieger mit ihren roten Zöpfen, Schildern und Schwertern bewundern. Denn bald gibt es in ganz Afrika nur noch moderne Europäer mit schwarzen Gesichtern.

Und gerade jetzt fangen die gelangweilten Massaijünglinge an, unsere gemütlichen Nashörner zu speeren – vermutlich nur, um bei den jungen Mädchen als Helden zu gelten. Ich kann ihnen diese Haltung gar nicht übelnehmen, denn schließlich haben unsere europäischen Großwildjäger seit Jahrzehnten meistens aus den gleichen Gründen in Afrika Elefanten und Löwen umgebracht.

Dabei sind gerade Nashörner kaum wieder herbeizubringen, wenn man sie erst einmal in einer Gegend ausgerottet hat. Gnus, Zebras, Elefanten machen weite Wanderungen und besiedeln so nach einiger Zeit auch leere Landstriche. Nashörner aber sind ortsgebunden. Nichts zieht sie in die Fremde. Wir haben zwar gesehen, daß man 1959 fünf junge Nashörner im Kagera-Nationalpark ausgesetzt hat, aber das ist nicht einfach und nicht billig. Herr de Beer hat damals fast vier Wochen damit zugebracht, die Nashörner aufzustöbern und zu fangen. So etwas kostet viel Benzin, Wagenverschleiß und Löhne für die Helfer. Ein junges Nashorn, das bis Europa in den Zoo gebracht wird, muß mit etwa 15 000 Mark bezahlt werden. Es ist also wirklich billiger, sie an Ort und Stelle leben zu lassen, denn niemand weiß, ob später jemals jemand das Geld aufbringen wird, um neue hinzubefördern – und ob man überhaupt anderswo in Afrika noch welche fangen kann!

Ausgerechnet der Besucherstrom, den wir mit viel Mühe nach dem früheren Deutsch-Ostafrika zu lenken beginnen, soll womöglich dort keine Nashörner mehr antreffen. Wir wollen mit den Afrikanern keine politischen oder Geldgeschäfte machen, sondern ihnen

Am Boden des Ngorongoro-Kraters, dicht bei dem Lerai-Wäldchen, gehen drei Löwinnen mit vier Jungtieren an dem Geländewagen vorbei, ohne sich im geringsten um ihn zu kümmern. Im Hintergrund die neu in den Kraterrand eingeschnittene Straße für Besucher.

*Junge Bahuten tanzen bei Boma am Kiwu-See – angekleidet für Fremde,
wie man aus den einheitlichen Lendentüchern und den winzigen Schildern
sieht. Wer sie bewundern will, muß gedruckte Eintrittskarten lösen.*

wirklich ehrlich helfen – darum möchte ich dieses Unglück verhindern.

Zu diesem Zwecke bin ich mit Alan Root zum Ngorongoro-Krater gefahren. Wir baden über Mittag in dem natürlichen Becken der glasklaren Quelle, die im Kraterboden entspringt. Ein paar jüngere Massai treiben ihre Herden hier zur Tränke. Sie bleiben im Schatten der drei alten Bäume sitzen und sehen uns zu. Die Leute wollen wissen, was wir hier treiben. Allmählich kommen wir ins Gespräch. Warum sie die Nashörner umbringen? Erst bekommen wir die alten hübschen Märchen zu hören von Nashörnern, die mitten in Rinderherden rasen und Kühe aufspießen oder sogar Massaihütten angreifen. Aber schließlich lachen die Leute selbst mit uns über diese Geschichten.

Ein einziger wirklicher Unfall hat sich in letzter Zeit durch ein Nashorn zugetragen. Das war außerhalb des Kraters, in der Nähe der berühmten Oldoway-Schlucht, wo man in den letzten Jahren die ältesten Vormenschenfunde der ganzen Welt gemacht hat. (Auch dieser berühmte Platz ist übrigens 1959 vom Serengeti-Nationalpark abgeschnitten worden.) Dort wurde ein alter Massai, der zwei Kinder bei sich hatte, von einem Nashorn angenommen. Er konnte die Kinder noch auf einen Baum heben, wurde aber selbst von dem Tier schwer verwundet. Das Horn des Rhinozeros glitt an seinen Rippen ab, riß jedoch die Muskeln auf. Wie sich später herausstellte, war dieses Nashorn allerdings vorher von einem anderen jungen Massai verwundet und daher so angriffslustig geworden.

Nach dreistündiger Unterhaltung erzählen uns die jungen Massai schließlich, daß ein Händler aus dem nahen Städtchen Aruscha die Hörner der toten Nashörner aufkauft. Es ist ein Mann aus Somaliland, der sich mit diesem Schwarzhandel befaßt. Das ist ein einträgliches Geschäft, denn ein Pfund Nashorn-Horn wird mit etwa zweihundert Schilling, also 120 Mark, bezahlt. Dieser Wert ist natürlich nur eingebildet. In ostasiatischen Apotheken, die auch noch Drachenzähne und anderen mittelalterlichen Unsinn als Heilmittel verkaufen, pulvert man das Nashorn-Horn. Besitzer von Harems und andere Männer, die sich in der Liebe stärken wollen, nehmen diese Pulverchen ein und glauben fest an ihre Wirksamkeit. In einem Becher, den man aus dem Nasenhorn schnitzt, soll jeder giftige Trank aufschäumen und so seine Gefährlichkeit verraten. Schon so manche Tierart ist durch solchen Aberglauben ausgerottet worden – genug Menschen sind aus ähnlichen Gründen umgebracht worden.

Das Umbringen der Nashörner aus Prahlerei von Massaijünglingen war schon schlimm genug. Der Schwarzhandel aber macht die

Sache sehr bedrohlich, denn die Aufkäufer werden notfalls auch viel höhere Preise zahlen. Tony Mence, der zur Zeit Wildwart am Krater ist, weiß nicht recht, wieviel Nashörner getötet sein mögen, außer denen, deren Leichen er gefunden hat. Bei mehr als der Hälfte waren die Hörner abgehackt. Bei den anderen hat er die sterbenden oder schon toten Tiere wohl angetroffen, ehe die »Jäger« nachkamen.

Ich wüßte ein Mittel, wie man den Unfug sofort beenden könnte. Man brauchte den Massai im und um den Ngorongoro-Krater nur zu verkünden, daß für jedes tote Nashorn zur Strafe fünfzig Kühe weggenommen werden und daß sie dann unter sich ausmachen könnten, wer der Schuldige ist. Wenn wir sie vom Flugzeug aus mit ihren Herden unerlaubt im Serengeti-Nationalpark erblicken, wird das so gemacht. Sie müssen Schafe oder Rinder als Strafe zahlen, und sie fügen sich meistens ohne Widerspruch: »Ihr habt uns gefaßt – es ist nicht erlaubt –, hier habt ihr die Schafe.«

Solch eine Sammelbestrafung im Krater wäre zwar sehr wirksam und günstig für die Zukunft Tanganjikas und der Massai selbst. Aber sie entspricht nur alten afrikanischen Stammesbräuchen, nicht neuem europäischem Recht. Die weißen Berater der Regierung sind dagegen: es gibt keine Sammelschuld, man muß den Täter finden, überführen und ihn allein bestrafen…

Ich überlege, was man *gleich* tun kann. Gesetzliche Änderungen brauchen Zeit. Aber man sollte eine sehr hohe Belohnung für die Überführung des Hornaufkäufers plakatieren. Man sollte im Wald, wo die Nashörner getötet werden, Hütten für afrikanische Wildhüter bauen, die dort leben und beobachten. Man sollte, man sollte… Die neue afrikanische Regierung in Dar es Salaam hat sicher ganz andere Sorgen als Nashörner.

Der Ngorongoro-Krater ist augenblicklich so ausgetrocknet wie niemals in den letzten fünfundvierzig Jahren. Es ist diesmal während der »kleinen Regenzeit« im November und Dezember ganz trocken geblieben. Die Ebenen des Kraterbodens, die sonst ewig grün sind, starren gelb und staubig. Der Salzsee ist ausgetrocknet, und auch durch den Süßwassersee und den Sumpf fließt nur noch ein schmales Rinnsal in der Mitte. Ich steige in einer guten Stunde die siebenhundert Meter vom Kraterboden empor bis zum Gasthaus am oberen Rand. Früher mußte man auf großen Umwegen bergauf, bergab durch den Urwald in drei Stunden von dieser Unterkunft bis hinunter in den Krater fahren. Jetzt ist eine neue Straße gebaut (siehe Seite 159), und man kann es in zwanzig Minuten schaffen. Afrika wird immer bequemer.

Die Besucher, Teilnehmer an einer der neuen Gruppenreisen, können von hier oben, aus ihren Blockhäusern mit Bad und elektrischem Licht, das riesige Kraterrund wie aus einem Flugzeug überblicken. Sie finden es trotz der Trockenheit herrlich. Der Älteste von ihnen ist über achtzig Jahre. Meistens sind es Ehepaare um die Sechzig, denn junge Leute mit kleinen Kindern können noch keine zweitausend Mark für eine Ferienreise aufbringen. Alle haben es sich viel anstrengender, viel behelfsmäßiger und gefährlicher vorgestellt. Sie haben nicht geglaubt, daß man in bequemen Kraftwagen und Omnibussen bis fünf Meter an die Löwen heranfährt und mitten in der Serengeti zwischen Zebraherden in regelrechten Gasthauszimmern übernachtet. Wenn sie von Unruhen im Kongo oder in Algerien gelesen haben, glaubten sie, man könne jetzt nicht nach Afrika reisen. Dabei ist das etwa so, als wollte ein Amerikaner Spanien nicht mehr betreten, weil in Moskau Chruschtschow herrscht.

Ich kenne diese Briefe von Afrika-Reiselustigen in Europa. Sie fragen an, ob man wegen Giftschlangen hohe Schuhe tragen sollte, ob man Schlafkrankheit bekommt oder Malaria und ob den Afrikanern wirklich zu trauen sei. Das ist das Ergebnis der Afrikabücher von Großwildjägern und Abenteurern. Sie verraten nicht, daß ein Reisender heute Löwen und Elefanten fotografieren – und auch schießen – kann und dabei ebenso bequem reist wie in Italien oder Südfrankreich. Ohne diese üblichen Afrikabücher, in denen man wochenlang zwischen Tsetsefliegen durch den Busch marschiert, abends Schlangen im Bett findet, von Leoparden bedroht und von Riesenschlangen gewürgt wird, wäre die breite Menge der Besucher schon zehn oder fünfzehn Jahre eher nach Afrika gekommen. Das wird sich jetzt ändern. Wenn Hunderte von den Sammelreisen nach Europa zurückkommen, wird es sich bald herumsprechen, was für herrliche Dinge man hier sehen kann – und wie bequem und gefahrlos das ist.

Mit dieser Gruppe hier reisen zwei Ärzte, einer davon sogar aus Frankfurt. Er führt einen großen Handkoffer voll Medikamente mit – er hatte sich nicht vorgestellt, daß es in Afrika überall Apotheken und auch Krankenhäuser gibt. Obwohl diese Reisegruppe im Ngorongoro-Krater Nashörner gesehen hat, schicken auch sie an alle ostafrikanischen Zeitungen und an die zuständigen Minister Beschwerdetelegramme. Sie wollen ja mithelfen, daß auch ihre Nachfolger in den nächsten Gruppen hier noch die riesigen Dickhäuter bewundern können. Ich habe jede der neuen Reisegruppen mit solchen Telegrammen versehen. Sie sind auch alle von den ostafrikanischen Zeitungen abgedruckt worden. Unter das letzte aber setzte

Diese Giraffe fand ich im neu hinzugekommenen, nördlichen Teil des Serengeti-Nationalparks. Offensichtlich hatte sie gerade im Geäst eines Baumes geweidet und war dabei mit den Füßen auf dem glitschigen Steilufer eines Baches darunter abgeglitten. Der Kopf hatte sich in einer Astgabel verfangen, das Tier konnte aber die Beine nicht mehr auf festen Grund unter den Körper bringen. Während an dem eingetrockneten Oberkörper, Hals und Kopf nur Vögel pickten, waren die Beine schon von Raubtieren weggerissen und die Knochen in weitem Umkreis verstreut.

Die Klippschliefer (Procavia capensis) haben nichts mit Kaninchen zu tun, obwohl die Engländer sie »rock rabbit«, also »Felsenkaninchen«, nennen. Eher gehören sie ganz weitläufig in die Verwandtschaft der Elefanten. Sie wohnen in Felsen und lassen sich meistens nur früh am Morgen in den ersten Sonnenstrahlen und am späten Abend sehen, weil es ihnen sonst zu heiß wird. Bei Seronera sind sie aber so zahm geworden, daß sie hinter das Haus des Wildwarts Gordon Harvey kommen und Frau Harvey das Futter aus der Hand nehmen.

Unser Boy André, der uns 1952 auf Reisen an der Elfenbeinküste begleitete, war immer vergnügt und bestrebt, uns zu helfen, zum Beispiel Schmetterlinge zu fangen oder Eidechsen. Erst später kamen wir dahinter, daß er die Eidechsen fing, indem er sie mit Steinen bewarf und uns dann die brachte, die nicht mehr weglaufen konnten, aber gerade noch am Leben waren.

der ›Standard‹ ein Sternchen und darunter den Satz: »Wie wir hören, ist Dr. Grzimek wieder im Lande.«

An einem der nächsten Tage halte ich einen Vortrag vor der Industrie- und Handelskammer in Aruscha, der hübschen, frischen Bergstadt am Fuße des Meru. Mitten in die Sitzung wird mir ein Regierungstelegramm hineingereicht. Der neue afrikanische Ministerpräsident Dr. Julius Nyerere möchte mich morgen in der Hauptstadt Dar es Salaam sprechen. Zwei Tage später schon will er nach Bonn fliegen, um mit dem Bundeskanzler und der deutschen Regierung zu verhandeln.

So steige ich in die zweimotorige Maschine der East African Airways und mache den mühseligen Flug mit fünf Zwischenlandungen bis an die Küste, immer hinauf und hinunter. Hinter mir sitzt eine alte indische Dame, die zum erstenmal ein Flugzeug bestiegen hat und bei jeder Landung Herzbeklemmungen bekommt. Zwei erwachsene Söhne streicheln ihr die Hände und suchen sie zu beruhigen, wenn sie stöhnt und aufschreit. Endlich, in Tanga holen ihre anderen Kinder sie in einem großen amerikanischen Luxuswagen am kleinen Flughafengebäude ab.

In Dar es Salaam komme ich mir dieses Jahr recht minderwertig vor. Alle europäischen und afrikanischen Regierungsbeamten tragen schneeweiße Hemden, weiße Shorts und lange weiße Socken. Ich habe zwar ein zerdrücktes weißes Oberhemd aus meinem Köfferchen hervorgeholt, aber ich steche sichtlich von soviel blütenweißer Gebügeltheit ab.

Ich spreche zunächst mit Herrn O. S. Fundikira, dem Minister für Landwirtschaft. Er hat in London studiert und ist gleichzeitig Häuptling eines mächtigen Stammes, ein kluger und dabei freundlicher Mann. Herr Fundikira möchte jemanden zu den Massai schikken, der ihre Sprache spricht und sie zur Vernunft überredet. Nun, ich glaube nicht, daß schriftunkundige afrikanische Rinderhirten einsichtiger sind als dänische oder deutsche Bauern. Durch die Erbteilung sind bei uns die Felder oft in kleine Stücke zersprengt; ein Bauer hat einen Acker da, den anderen dort. Er muß stundenlang mit den Pferden hin und her fahren und kann keine modernen Maschinen benutzen, weil seine Felder zu klein dafür sind. Kommen aber Regierungsbeauftragte, welche die Äcker neu verteilen und immer schön zusammen in die Nähe des zugehörigen Hofes legen wollen, dann glaubt jeder, er wird übervorteilt. Die armen Regierungsbeamten müssen zum Schluß meistens von der Polizei beschützt werden, sonst verprügeln die Bauern sie. Dabei geschieht doch alles zu deren Vorteil. Das trage ich Minister Fundikira vor.

*Der Bonobo oder Zwergschimpanse (Pan paniscus) wurde von einigen Forschern als selbständige Menschenaffenart, ja -gattung, neben den drei bekannten Arten Gorilla, Schimpanse und Orang-Utan bezeichnet. Mein Mitarbeiter Dr. J. Schmitt hat im Frankfurter Zoologischen Garten mit
neuzeitlichen serologischen Verfahren den Eiweißaufbau des Blutes beim
Menschen, Schimpansen, Bonobo und Orang untersucht. Danach ist der
Bonobo zweifellos keine eigene Menschenaffengattung, auch nicht unbedingt
eine eigene Art, sondern eher eine Unterart der Schimpansen (›Zeitschrift
für Säugetierkunde‹, Band 27, Seite 45).*

Flucht vor dem tieffliegenden Flugzeug in der Serengeti.

Die britische Flotte stellte mir zwei Hubschrauber zu Flügen über den Tsavo-Nationalpark zur Verfügung. Mein Begleiter Alan Root saß in der offenen Tür des einen, ich in der des anderen. In ganz kurzer Zeit bekommt man so einen ausgezeichneten Überblick über eine Gegend und ihre Wildbestände.

Manche Dinge muß man mit dem Gesetz erzwingen, selbst wenn sie zum Besten der Widerspenstigen sind.

Der neue afrikanische Ministerpräsident, Dr. Nyerere, empfängt mich diesmal in einem neuen Hochhaus, und zwar in einem Raum voll von der gleichen frischen, kühleren Luft wie oben am Ngorongoro-Krater. Er ist ein humorvoller Mann, mit dem man offen reden kann. »Ich werde jetzt ständig in den Zeitungen wegen der Nashörner im Ngorongoro-Krater angegriffen – und Sie stecken dahinter!«, so beginnt er. Ich sage ihm, ich würde weiter dafür arbeiten, daß im Ngorongoro-Krater und in der Serengeti die wilden Tiere Tanganjikas erhalten blieben. »Wenn man kein reicher Mann ist und auch keine Industriegruppe und keine große Partei vertritt, dann kann man auf Politiker nur über die öffentliche Meinung, über Zeitungen, Rundfunk und Fernsehen einwirken.« Ich kündige ihm an, daß ich das weiter tun will, gerade hier in Ostafrika, und er lächelt und hebt abwehrend beide Hände. Seine schlanken, schwarzen Finger werfen meine Vorschläge in Stichworten auf einen Notizblock – als ich aus dem künstlich gekühlten Raum hinausgehe, treffe ich in der schwülen Glut des Vorzimmers eine Abordnung von einfachen Bauersleuten. Wer weiß, was sie ihm gleich für Sorgen erzählen werden. Hoffentlich vergißt er die meinen nicht, die ja auch die Sorgen Tanganjikas sind.

Ich fliege in Nairobi das neue Flugzeug des Nationalparkes ein. Es ist das erste Flugzeug, das ein afrikanisches Naturschutzgebiet, ja vielleicht überhaupt ein Nationalpark in der Welt, in den eigenen Dienst stellt. Die Nationalparks sind groß, wild und unwegsam. Will man feststellen, wo die wilden Tiere im Dezember oder im Juni herumwandern, und will man verhindern, daß Wilddiebe eindringen und die Zebras und die Antilopen in Massen umbringen, dann müßte man Hunderte von Überwachungsposten im ganzen Lande unterhalten. Dazu hat niemand Geld, vor allem, da jetzt die Löhne auch von schwarzen Angestellten immer höher werden. Deswegen vertrete ich schon seit Jahren den Standpunkt, daß man Nationalparks nur mit Kleinflugzeugen von der Luft aus überwachen kann. Aber Michaels Unglück hat einen Schock in allen Naturschutzgebieten Afrikas ausgelöst. Die Pläne zum Ankauf von Flugzeugen sind zurückgestellt worden. Nur John Owen, der neue Direktor der Nationalparks in Tanganjika, der mich vor Antritt seiner Stellung in Frankfurt besuchte, ließ sich trotzdem für die Fliegerei begeistern. Er selbst und der Serengeti-Wildwart Myles Turner lernen gerade in Kenia fliegen.

Ich bitte die beiden, übervorsichtig zu sein. Ein neuer Unfall

Eine Herde Böhm-Zebras (Equus burchelli boehmi) *galoppiert über die Masabi-Ebene im Serengeti-Nationalpark, so daß der Staub aufwirbelt.*

würde nicht nur den Wildtieren Afrikas zwei ihrer tüchtigsten Verteidiger nehmen, sondern das notwendige Fliegen in den Schutzgebieten für diesmal noch viel längere Zeit verzögern. Ich bin zwar selbst Pilot, aber keineswegs ein besonders begeisterter Sportflieger. Das Fliegen mit Kleinflugzeugen ist nun einmal heute in unserem Beruf in Afrika so notwendig wie das Autofahren für viele Berufe in Europa. Man kann es nicht vermeiden, auch wenn man lieber reiten würde.

In den Tageszeitungen lese ich, daß Ministerpräsident Nyerere schon nach zwei Tagen seinen Minister Paul Bonami in die Serengeti geschickt hat, der damit zum erstenmal in seinem Leben den Ngorongoro-Krater betreten hat. Dieser afrikanische Minister hat mit den Massai und allen Beteiligten gesprochen. Die Regierung setzt

tausend Schilling Belohnung aus für den, der den Nasenhorn-Auf-
käufer findet. Man schickt mir eines der grell mit Leuchtfarbe ge-
druckten Plakate nach Frankfurt. Tatsächlich wird der Mann ver-
haftet und auch sein Lastwagen beschlagnahmt. Aber der
europäische Richter in Aruscha bestraft ihn mit ganzen sechshundert Schilling und gibt den Wagen wieder frei ... (Seine afrikanischen
Nachfolger haben da ganz anders durchgegriffen!)

Ein paar Monate später treffen sich in Aruscha gegen zweihundert
Naturschutzfachleute aus ganz Afrika und aus Europa für eine Wo-
che. Minister Fundikira leitet diese erste internationale Tagung im
neuen Tanganjika. Ich kann ihm dreiundzwanzigtausend Mark als
Geschenk der »Zoologischen Gesellschaft von 1858«, Frankfurt,
für den Bau einer Jugendherberge in der Serengeti überbringen.
Die Schulkinder von Tanganjika sollen die prächtigen Wildtiere ihrer Heimat kennenlernen, denn 95 v.H. von ihnen haben noch nie
einen Löwen oder ein Nashorn gesehen – im Gegensatz zu den
Kindern in Europa, wo es Zoos gibt.

Die neue, afrikanische Regierung von Tanganjika erhöht den
Haushalt der Nationalparks um 40 v.H., sie ändert den Namen
des Landwirtschaftsministers in »Minister für Landwirtschaft und
Wildleben«, und dieser Minister, Herr Tewa Saidi Tewa, durch-
trennt während der Tagung mit einem Massaispeer das Seidenband
vor dem Eingang zu dem neuen Aruscha-Nationalpark. Es ist ein
ehemaliger Krater, in dem viele Wildtiere hausen, nicht weit von
Aruscha – sozusagen ein Ngorongoro in Kleinausgabe. Die neue,
afrikanische Regierung verkündet feierlich das

ARUSCHA-MANIFEST

»Das Wildleben zu erhalten ist eine bedeutsame Angelegenheit für
uns alle in Afrika. Die wilden Geschöpfe und ihre Lebensräume
sollen nicht nur von uns bewundert werden und uns begeistern,
sondern sie sind auch ein untrennbarer Teil unserer natürlichen
Hilfsquellen und unseres künftigen Wohlergehens.

Wir übernehmen die Verantwortung für unsere Natur und erklären feierlich: Wir werden alles in unserer Macht Stehende tun, damit
unsere Urenkel sich noch dieses reichen und kostbaren Erbes erfreuen. Das Erhalten der Wildtiere und ihrer Lebensräume verlangt
Fachwissen, ausgebildete Mitarbeiter und Geld. Wir hoffen, daß
andere Völker an diesem bedeutenden Werk mitarbeiten werden
– Erfolg oder Mißerfolg berührt nicht nur den Erdteil Afrika, sondern die gesamte übrige Welt.«

Am 9. Dezember 1961 erklimmt ein junger schwarzer Offizier den Kilimandscharo und hißt dort die grüngoldschwarze Flagge des neuen, unabhängigen Tanganjika. Am Abend des Vortages erlöschen im Stadion der Hauptstadt Dar es Salaam um zwölf Uhr die Lichter in Gegenwart des britischen Prinzen Philip, der Regierungsmitglieder, der Konsule und Ehrengäste in Frack und Orden.

Freudig gestimmte Tausende erheben sich – und die Militärkapellen stimmen die Hymne an: »Gott segne Tanganjika und seine Führer, laß Klugheit, Einigkeit und Frieden es beschützen!« Alles wird sehr ernst. Als die Scheinwerfer wieder aufflammen, ist der britische Union Jack, der 42 Jahre über dem Lande geweht hat, vom Mast verschwunden, und die Tanganjika-Fahne flattert allein. Der afrikanische Kardinal Rugambwa, Erzbischof von Bukoba, der afrikanische Bischof Stefano Moshi von der Lutherischen Kirche Tanganjikas und ein hoher mohammedanischer Priester sprechen ihre Fürbitte für das Land.

Die Massai hatten gebetet, daß ihnen am Unabhängigkeitstage der Film ›Serengeti darf nicht sterben‹, den wir in Suaheli vertont haben, in der Steppe vorgeführt wird.

Aber fünf Wochen später tritt Dr. Nyerere als Ministerpräsident zurück, um nur noch Führer der Einheitspartei Tanganjikas, der TANU, zu bleiben. Sein Freund, der dreiunddreißigjährige Rashidi Mfaume Kawawa, übernimmt seine Stelle. Vermutlich wird Dr. Julius Nyerere zum Staatspräsidenten gewählt werden.

So sind die Dinge im Fluß, in jedem Lande Afrikas. Werden die schwarzen Politiker, die kommen und gehen, daran denken, daß auch die Wildtiere zur Zukunft ihrer Völker gehören? Und wissen die weißen Politiker, die ihnen helfen wollen, daß Afrikas Tiere von allen Menschen in der Welt bewundert werden? Auch Nashörner gehören allen Menschen...

Sechster Abschnitt
Wasser für Elefanten und Nashörner
Ich nähe eine krokodilzerbissene Hand – Weil die Elefanten wegblieben,
verdursteten die Nashörner – Mit zwei Flaschen Wasser in der Hand – Ele-
fanten auf dem Friedhof von Voi – Parker »erntet Elefanten« – Im Hub-
schrauber über Giraffen – Was sollen Flußpferde im Trinkwassertank? –
Pumpt Wasser auf die Hügel des Tsavoparks

Ausgerechnet jetzt am Abend soll ich noch kleine Krokodile fangen!
Alan Root und unser Gastgeber Ian Parker haben sich das in den
Kopf gesetzt. Die beiden jungen Leute gehen mit einer Blendlaterne
hinunter zum Galana-Fluß, an dessen Ufer wir zelten. Der breite,
sandige Fluß ist nach so langen, regenlosen Wochen sehr wasserarm.
Man kann hindurchwaten und dabei sogar die kurzen Hosen anbe-
halten.

Ich aber gehe an den vier Zelten entlang, die in einer Reihe stehen,
bis zu dem letzten, in dem ich schlafe. Es steht im lichten Uferwald.
Vorsichtig ziehe ich das Moskitonetz an einer Stelle von der Ma-
tratze weg, unter die es ringsherum gestopft ist, schlüpfe durch das
so entstandene Loch hinein und mache die Öffnung wieder zu. Hier
am Fluß gibt es sicher viel Stechmücken. Schon reichlich müde,
schreibe ich im Bett noch ein wenig in mein Tagebuch, da reizt
es mich auf einmal, doch unten am Fluß dabeizusein. Ich bin eben
doch nicht ganz so gesetzt und vernünftig, wie ich es dem Alter
nach eigentlich sein müßte. Also zünde ich die Petroleum-Gasglüh-
lampe, die ich eben ausgedreht hatte, umständlich wieder an und
gehe damit auf dem schmalen Pfad, den Antilopen getreten haben,
durch das Gebüsch hinunter zum Wasser. Am Ufer stehen die San-
dalen der beiden. Ich fahre auch aus den meinen. Kaum bin ich
aber, ohne umzukippen, durch die lauwarme Strömung bis in die
Mitte des Flußbettes gewatet, da kommen mir Ian und Alan schon
entgegen. Ian hält seinen Arm hoch. Er ist ganz rot, und das Blut
läuft in das kaffeebraune Wasser.

Die beiden haben wirklich Krokodile gefunden. Ian hat gleich
das zweite, ohne erst Alan zu verständigen, mit raschem Zugriff
am Schwanz gepackt. Er glaubte, er könne es schnell daran hochhe-
ben, wie das geschickte Leute mit Giftschlangen tun, die oft nicht
ohne weiteres ihren Kopf bis zu dem festgehaltenen Schwanz em-
porheben können. Bei uns im Zoo würde niemand auf den Gedan-

Ian Parker, noch mit den Spuren des Krokodilbisses an der Hand, beim Füttern einer Verreaux-Eule (Bubo lacteus), die man leicht an ihren rosa Augenlidern erkennt. Sie kommt in den meisten Wäldern Afrikas vor.

Es gibt auch weiße Neger, also Albinos, genau wie die Weißlinge, d. h. Einzelwesen ohne Farbstoff im Körper, die bei fast allen Tierarten gelegentlich auftreten. Ich spreche hier mit Andrew Senqeng, einem reinblütigen Afrikaner, der seit langen Jahren am Eingang zum Ngorongoro-Schutzgebiet Dienst tut. Sehr oft werden solche weißen Afrikaner fälschlich für Mischlinge und Europäer gehalten. Diese haben jedoch eine bräunliche Zwischenfarbe.

Dieses Zebrakind lief bei Banagi, Serengeti, auf unseren Wagen zu und hielt ihn offensichtlich für seine Mutter, weil es nicht lange vorher zur Welt gekommen war. Ich hatte es geradezu schwer, den kleinen Kerl wieder loszuwerden.

Der Impala-Bock hat eine ganze Herde von Weibchen gegen seine Nebenbuhler zu verteidigen (siehe auch Seite 74). Herr Verhulst hat im Kagera-Nationalpark von Ruanda-Burundi einmal beobachtet, wie eine Herde von
ungefähr siebzig Weibchen und Jungen friedlich weidete, während ein kleines Rudel von Böcken sich daneben aufhielt und hin und wieder zwei von
ihnen Stirn gegen Stirn miteinander kämpften. Auf einmal begannen alle
Böcke im Kreis hintereinander um das Rudel der Weiber herumzulaufen,
die Köpfe vorzustrecken, die Schwänze emporzuklappen und in dieser eigen-
artigen Haltung röhrend zu rufen. So umkreisten sie das große Rudel etwa
fünf Minuten lang und wiederholten die Kreuzläufe später mehrmals. – Impala-Weibchen in gestrecktem Lauf siehe Seite 141.

ken kommen, so mit einem Krokodil umzugehen. Wir binden ihnen erst vorsichtig mit einer Schlinge die Schnauze zu, und wenn wir eins packen müssen, dann tun wir das am Genick.

Tatsächlich hat dieses Krokodil im Galana-Fluß den verdutzten Ian blitzschnell am Arm und an der Hand gepackt und übel zugerichtet. Es war auch größer, als die beiden gedacht hatten, wohl gut anderthalb Meter lang.

Etwas belämmert trotten wir drei das Ufer empor zu dem Dreizimmerhaus, das sich die Parkers hier mitten in der Wildnis für ganze sechshundert Mark gebaut haben, weil sie nur Holz, Schilf und Palmenblätter aus dem Lande dazu verwendet haben.

Parkers junge Frau – ich glaube, sie ist ganze zwanzig – jammert nicht und schimpft nicht. Sie kramt die »Medizinkiste« hervor, und ich beginne darin zu wühlen. Ich bin ja von Hause aus Tierarzt, also habe ich mich in diesem kleinen Menschenkreis, zweihundert Kilometer vom nächsten Arzt entfernt, mitten in der Wildnis, nun wohl oder übel zu betätigen. Zum Glück sind ein paar gebogene chirurgische Nadeln da und auch weiße Seide, mit der man Hautnähte machen kann.

Nun ist Menschenhaut ziemlich dick und zäh, man braucht daher einen zangenartigen Nadelhalter, um an der richtigen Stelle durchzustechen. Leider gibt es so etwas hier nicht; also mache ich eine Flachzange aus unserem Geländewagen in kochendem Wasser leidlich keimfrei und packe die Nadel damit. Den Hautrand der Wunde fasse ich mit einer Pinzette aus der Kosmetiktasche von Frau Parker. Das Licht ist nicht gerade sehr hell; ich habe so etwas schon lange Jahre nicht mehr gemacht; aber was hilft es! Leidlich kunstgerecht nähe ich so, daß die Innenseiten der Hautlappen aneinanderkommen, so daß sie gut zusammenheilen können. Es geht langsam voran, für örtliche Betäubung ist nichts da; der arme Ian wird recht blaß, die Schweißtropfen stehen auf seiner Stirn, aber er beißt die Zähne zusammen. Dann polstere und schiene ich seine Hand, damit er mir nicht unbedacht eine Faust macht und so die Nähte wieder ausreißen. Schließlich muß er die Hosen herunterziehen und bekommt von mir eine Ladung Supracillin ins Gesäß gespritzt. Denn ich weiß nicht recht, ob meine Operation sehr keimfrei war. Eine Entzündung und Eiterung hier draußen kann leicht eine steife Hand geben. Mein eigener rechter Mittelfinger ist von einem Schimpansenbiß steif geblieben, weil nach Kriegsende nur die Amerikaner Penicillin hatten, wir noch nicht.

Vor einiger Zeit war ein Trupp Leute hier in der Gegend, um die Fahrpiste nach der Regenzeit wieder etwas in Ordnung zu bringen. Ein Traktorführer holte im Galana-Fluß Wasser für seinen Kühler und wurde dabei von einem Krokodil ins Bein gebissen. Er konnte sich wieder befreien, indem er es mit dem anderen, beschuhten Fuß in die Schnauze trat. Fünf Tage lang hielt er die Wunde frei von Entzündung und Eiterung, indem er sie immer wieder mit frischem Kuhmist, das heißt Büffelmist, einschmierte. Dann endlich kam ein Wildwart bei diesem Traktorentrupp vorbei und nahm den Mann im Auto mit ins Krankenhaus, wo er sich bald wieder erholte.

In der Gegend, in der wir hier lagern, gibt es viele Elefanten und Nashörner. Sie müssen ganz zwangsläufig zum Wasser. Als vor einiger Zeit der Wildwart Jenkins hier im Freien unter einem Busch übernachtete, wurde er durch ein Nashorn geweckt. Er versuchte aus seinem Schlafsack herauszukriechen, aber das Nashorn half ihm dabei, und Jenkins fand sich ein Ende weiter wieder auf der Erde, ein bißchen durchgeschüttelt, aber sonst unverletzt.

Vor ein paar Tagen haben wir mit den Wildwarten in einem anderen, schon ganz ausgetrockneten Fluß bei hellem Vollmondschein die Tiere bei der Wassersuche beobachtet. Erst kam ein einzelnes Nashorn hinunter in das Sandbett des Flusses und ging ziemlich zielbewußt auf eines der vielen Löcher zu, die wohl von Elefanten gegraben worden waren. Da aber dieses Loch ebensowenig wie alle anderen frei stehendes Wasser enthielt, begann das Nashorn mit den Vorderbeinen zu scharren. Ehe es allerdings an das ersehnte Naß gekommen war, trottete ein zweites Nashorn herbei und vertrieb den Wassergräber. Allmählich fanden sich sechs oder acht Rhinozerosse ein, die sich gegenseitig wegjagten, schnaubten und boxten.

Eine Herde Elefanten, die ohne Hast hinabstieg, blieb ganz lautlos. Elefanten benutzen ja ihre Rüssel ähnlich wie Affen und Menschen die Hände. Sie tun so manches, was andere Vierfüßer nicht zuwege bringen. Auch hier vertieften sie die Löcher mit den Rüsseln und warteten dann ruhig, bis sich in der Vertiefung wieder ein bißchen Wasser angesammelt hatte. Von Zeit zu Zeit saugten sie das auf. So standen die fünfzehn Tiere fast unbeweglich wie Felsblöcke, bis der Himmel allmählich heller wurde.

Elefanten sind die einzigen Tiere in Afrika, die regelrecht Wasserlöcher anlegen. Zu diesen Elefantenwasserstellen kommen dann andere Tierarten, von Sandhühnern, Schlangen über Antilopen und Zebras bis herauf zu Nashörnern. Bleiben die Elefanten, die ja weit wandern, einmal während der Trockenzeit aus, so müssen viele Tiere verdursten, die dort fest wohnen.

Im Tsavo-Nationalpark im südlichen Kenia, in der Nähe des Rie-

Wettlauf mit dem Geländewagen. Achten Sie auf diesem Bild aber nicht nur auf die beiden jungen Giraffen, sondern auch darauf, wie selbst während der Regenzeit zwischen dem frischen grünen Gras überall der blanke, rote, unfruchtbare Boden Afrikas hervorsieht. Wir sind in Europa gewöhnt, daß die Rasen- und Pflanzendecke dicht an dicht schließt. In Afrika ist das fast nirgends der Fall. Daher sind seine Böden so ungeheuer empfindlich gegen ständiges Abbrennen, Überweiden und gegen landwirtschaftliche Verfahren nach europäischem Muster.

Warzenschweine (Phacochoerus aethiopicus), *ein Geier und Zebras an der Tränke im Tarangire-Schutzgebiet, Tanganjika.*

Abbildung links:

»Die Neger nennen ihn Potto, aber wir kennen ihn nur als Faulenzer; er braucht einen ganzen Tag, um nur zehn Schritte vorwärts zu machen. Manche behaupten, daß dieses Geschöpf, sobald es einen Baum erklommen hat, ihn nicht wieder verläßt, bis es nicht allein alle Früchte, sondern auch die gesamten Blätter aufgegessen hat. Dann steigt es fett und in bestem Zustand herunter, um zu einem anderen Baum zu kommen. Wenn der Weg dahin recht weit ist, stirbt er ohne weiteres vor Hunger zwischen einem Baum und dem nächsten. Es ist ein so schrecklich häßliches Geschöpf, daß ich glaube, nichts ebenso Unangenehmes auf der ganzen Erde zu finden. Man kann nur mit Abscheu auf dieses Tier sehen«, so entsetzte sich der Holländer Bosman, der den niedlichen kleinen Potto das erste Mal im Jahre 1699 beschrieb. Sicherlich ist dieser Halbaffe (Periodicticus potto) weder häßlich noch gar so sehr langsam. Er lebt nächtlich und ist nicht ganz katzengroß.

Abbildung rechts:

Wer kleine Hunde oder Katzen hat, wünscht sich manchmal, sie blieben so niedlich und würden nie groß. Manche Leute sollen sich das in schwachen Stunden auch von ihren eigenen Kindern wünschen. Der Igeltanrek (Setifer) aus Madagaskar sieht aus wie ein Kind unseres einheimischen, europäischen Igels, bleibt aber zeitlebens so klein, daß zwei von ihnen bequem auf einem Handteller Platz haben. Erstaunt ist man dann: diese Zwerg-Igel haben eine ganz andere Lebensweise als unsere einheimischen. Zwar nähren sie sich auch von Kerbtieren und Früchten, aber sie halten sich vorwiegend auf Bäumen auf und klettern geschickt auch an dünnen Ästen entlang.

senberges Kilimandscharo, dreht sich alles um Wasser. Die britische
Kolonie Kenia hat zwar sechs Nationalparks, von denen aber vier
für Gebirgsszenerien und vorgeschichtliche Fundstätten geschaffen
sind. Nur zwei dienen wirklich den wilden Tieren. Der eine davon,
der Nairobi-Nationalpark dicht vor den Toren der Großstadt Nairobi, ist nur ein Fünftel so groß wie die Westteile Berlins und kann
die Wildtiere nur so lange beherbergen, wie diese noch nach mehreren Richtungen frei aus ihm hinausgehen und in der Umgebung
umherlaufen können.

Der Tsavo-Nationalpark hier ist größer, mit einundzwanzigtau-
send Quadratkilometern etwa so groß wie Hessen. Aber er ist eine
Halbwüste, und er wird von Jahr zu Jahr trockener wie so viele
andere Gegenden Ostafrikas. Weil im November und Dezember
1960 hier die kleine Regenzeit ausblieb, sind fünfundachtzig Nashörner umgekommen. Die meisten von ihnen sind wohl mehr ver-
hungert als verdurstet. Das liegt daran, daß Nashörner sehr ortstreu
sind und keine großen Wanderungen machen, im Unterschied zu
Elefanten und vielen Großwildherden. Die Nashörner *mußten* sich
in der Nähe der wenigen Wasserstellen aufhalten und hatten bald
den letzten trockenen Grashalm und den letzten Zweig ringsherum
abgeweidet. Die Elefanten dagegen konnten weiter weggehen und
nach Nahrung suchen. Vor sechzig Jahren war diese Gegend ein
wahres Wildparadies; man braucht nur die Berichte der Großwildjäger nachzulesen, die damals mit Vorliebe gerade hier schossen.

Bei Kiasa im östlichen Teil des Tsavo-Nationalparkes gibt es in
einem einzelstehenden Felsberg einen künstlichen Vorratstank, in
den alles Wasser hineinläuft, das als Regen auf den Felsen niedergeht.
Ein halbverdursteter Leopard versuchte an das Wasser heranzukommen. Er muß dabei halb wahnsinnig vor Durst gewesen sein,
denn er drängte sich durch das Zuflußrohr, das nur zweiunddreißig
Zentimeter breit und einundzwanzig Zentimeter hoch ist. Dabei
ist er in das Wasser gefallen. Da es nicht wieder hinauskam, ertrank
das halbverdurstete Tier nun im Überfluß des Wassers.

Auch für Menschen kann diese Trockenheit gefährlich werden.
Mitten im Tsavopark hat man quer durch ein Flußtal, das sonst
die meisten Monate im Jahr leer ist, einen Damm gebaut und so
einen See aufgestaut, an dem die schön ausgestatteten, gemauerten
Einzelhäuser für Besucher stehen. Ein junges Ehepaar fuhr von dort
zum Galana-Fluß, um zu baden. Als sie wieder heimkehren wollten,
stellten sie fest, daß der Wagen nicht mehr in Gang zu bringen
war. Nach langen Versuchen und Überlegungen beschlossen sie,
die fünfzig Kilometer zurückzulaufen. Leider hatten sie aber nur

zwei leere Flaschen mit, die sie mit Wasser füllen konnten. Nachdem sie zehn Kilometer gegangen waren, hatten sie das Wasser ausgetrunken. Deswegen machten sie nochmals kehrt, badeten wieder im Fluß, füllten ihre Flaschen erneut und marschierten noch einmal los. Dieser endlose Marsch muß furchtbar gewesen sein. Der Mann mußte seine Frau schließlich völlig ermattet unter einem Bäumchen liegenlassen. Er selber kam, auf allen vieren kriechend, unter Aufbietung seiner letzten Kräfte in der Besucherunterkunft an.

Ein Kunstmaler fuhr – was nicht erlaubt ist – ganz allein mit seinem Kraftwagen mitten durch Gestrüpp und Wildnis. Dabei verirrte er sich, wurde immer aufgeregter und kurvte umher, bis das Benzin zu Ende war. So mußte er zu Fuß weiterlaufen, hatte aber das Glück, auf die Gleise der Eisenbahn von Mombasa nach Nairobi zu stoßen. Der nächste Zug hielt an und nahm ihn mit. Nachher mußte man zwei Tage lang suchen, um den verlassenen Wagen zu finden. Dabei verrieten die Spuren, daß der Mann ständig im Kreise gefahren war.

Solche Vorfälle brauchen niemanden von Vergnügungsfahrten, insbesondere Sammelreisen, nach Ostafrika abzuschrecken. Diese Unglücke geschehen nur, wenn Menschen auf verbotenen Pisten oder einfach ohne Führer mitten in die Wildnis fahren. Macht man als gewöhnlicher Urlaubsreisender eine Fahrt in die Schweiz, dann braucht man auch nicht zu befürchten, tot und erfroren in der Eiger-Nordwand zu hängen.

Die vierbeinigen Bewohner des Tsavo-Nationalparkes sind nicht ganz so menschenfreundlich und liebenswürdig wie die in der Serengeti und im Ngorongoro-Krater. Die Löwen hier sind immerhin die Nachkommen der berühmten Menschenfresser vom Tsavo, die Ende des vorigen Jahrhunderts den Bahnbau durch diese Gegend für lange Monate aufgehalten haben, weil sie sich nacheinander die Bahnarbeiter und schließlich sogar den Bahninspektor wegholten – diesen aus dem Bett in einem Bahnwagen heraus, während sein Gefährte im Bett darunter lag.

Auch heute noch zeigen sich manche Großtiere in dem Teil des Tsavoparks, der Besuchern nicht zugänglich ist, mitunter nicht ganz friedlich. So hat unlängst ein Elefant wiederholt Kraftwagen in die Flucht geschlagen. Auch ein schwerer Traktor schreckte ihn keineswegs: nachdem er den Fahrer und seine Begleiter in den Busch gejagt hatte, stand er längere Zeit dicht neben der Riesenmaschine, wohl um ihre Gefährlichkeit zu untersuchen. Dann endlich ging er weg. Ein Löwe packte einen schwarzen Wildhüter, der im Freien schlief. Zum Glück verwickelte sich das Tier in die Schlafdecke, mit der es nicht zurechtkam, und ging daher wieder weg. Der Wildhüter zeigt aber noch heute stolz seine Narben am Oberschenkel. Tödliche Unfälle, die in den letzten Jahren durch wilde Tiere verursacht worden sind, konnte ich allerdings nicht erfahren.

Als wir dagegen in dem Orte Voi, der am Haupteingang des Tsavoparks liegt, beim Autoschlosser unsere Lichtmaschine in Ordnung bringen lassen wollten, fielen mir sechs völlig verbeulte, halb zerrissene und zerquetschte Autos im Hof auf. Ich kam mit den Handwerkern ins Gespräch. Sie machten mir klar, daß dies keineswegs, wie ich geglaubt hatte, eine Sammlung von Autoruinen war, die in den letzten zwei Jahren zusammengekommen war. Alle diese Unfälle hatten sich auf der Straße vor und hinter Voi in den Tagen um Weihnachten und Neujahr abgespielt. Allerdings war nur ein

In den Höhlengängen der Termitenbaue tief unter der Erde kennen sich die Kitate oder Zwergmangusten (Helogale undulata) ausgezeichnet aus. Fährt man vorbei, so sieht einem aus einer Öffnung oben öfters ein Köpfchen mit runden Ohren und klugen braunen, kleinen Augen neugierig nach. Eine von diesen munteren, quicklebendigen Schleichkatzen namens »Adalbert« habe ich aufgezogen und zahm gemacht. Er hat inzwischen Frauen bekommen und ist auch Vater geworden. Die kleinen Kerle leben in Freiheit von Kerbtieren und allerlei Kleingetier.

Auch diese beiden Elefanten sind im Hauptquartier des Tsavo-Nationalparks »zugelaufen«. Man hat sie aufgezogen, und nachdem sie jetzt größer geworden sind, werden sie von einem Wildhüter des Parks »gehütet«. Vor Autos und Menschen haben sie keine Angst. Was für Schwierigkeiten ein ausgewachsener, frei umherlaufender Elefant aber machen kann, der keine Angst vor Menschen hat, wurde im ersten Abschnitt beschrieben (vgl. auch Seite 23).

Insasse dabei getötet worden. Auf den Straßen gibt es hier noch wenig Kraftwagen, und die meisten Fahrer drehen auf, was der Motor nur hergibt. Hinter einem anderen Wagen herfahren kann man einfach nicht, sonst schluckt man den Staub pfundweise. Man muß ihn überholen oder stehenbleiben. Manche Straßen machen mitten im Gelände merkwürdige, völlig unbegründete rechtwinklige Knicks. Da kann man dann an den Spuren sehen, daß mehr als *ein* rasender Kraftwagen über die Biegung hinaus in die Wildnis geschossen und dann erst im Bogen wieder auf die Straße zurückgekommen ist.

Dieses Städtchen Voi bekommt hin und wieder noch Besuch von Elefanten. Vor zwei Jahren hielten sich drei große Bullen vierzehn Tage lang im Juni fast in der Stadt selbst auf. Sie kümmerten sich gar nicht um die Menschen, die jeden Abend zusammenkamen, um sie zu bestaunen. Allerdings ließ das Vergnügen der Einwohner an

Gras machte 88 v. H. des Inhalts der Mägen von 71 Elefanten aus, die Irven Buss in der Trockenzeit in der Nachbarschaft des Murchison Falls-Nationalparks in Uganda schoß. Blätter, Zweige und Früchte von Bäumen und Büschen lieferten 10 v. H. des Inhalts. Unter 115 getöteten Elefanten waren 62 oder 53,9 v. H. weiblich, und unter diesen wieder elf (= 17,7 v. H.) tragend und 19 (= 30,6 v. H.) von saugenden Kälbern begleitet, d. h. rund die Hälfte der weiblichen Tiere hatte Junge. – Diese Elefantenherde trinkt im Tarangire-Schutzgebiet von Tanganjika.

dieser Art von Unterhaltung nach, als die Elefanten sich ausgerechnet den Friedhof zum Daueraufenthalt aussuchten und sich damit vergnügten, die Kreuze aus den Gräbern herauszuziehen.

Daß dieses oder jenes Tier hier in der Gegend mitunter angriffslustig wird, liegt an der Wilddieberei. In dem ganzen riesigen Gebiet sind nur vier oder fünf Europäer als Wildwarte tätig. Aber auch diese waren während des Mau-Mau-Aufstandes im nördlichen Kenia eingesetzt. Während jener Jahre strömten immer mehr Wilddiebe in den Nationalpark und machten mit Fallgruben und Gewehren, Giftpfeilen und Tausenden von Drahtschlingen weite Strecken völlig tierleer. David Sheldrick hat dann eine richtige Truppe im Park ausgebildet, die bald hier, bald dort tätig wurde. Schließlich mußte die Polizei von Kenia Flugzeuge einsetzen und mithelfen. Aber auch heute noch geht das heimliche Tierschlachten weiter.

In Kenia darf man Giftpfeile gar nicht besitzen, denn die geringste Verletzung durch sie führt bei Tier und Mensch zum Tode; es gibt kein Gegenmittel. Doch der Tsavopark grenzt an Tanganjika, und dort sind vergiftete Pfeile nicht verboten. In der Nachbarschaft des Parks sind Eingeborenenstämme zu Hause, die seit alters her keinen Ackerbau und keine Viehzucht betreiben, sondern von der Jagd leben. Es sind zähe, unglaublich tapfere Burschen. Trotz ihrer Grausamkeit gegenüber den Tieren muß man hier und da Hochachtung vor ihnen haben.

Zum Beispiel fiel einer von ihnen, der im Nationalpark den Honig der wilden Bienen sammelte, dabei acht Meter tief von einem Baobab-Baum herunter. Er brach sich eine Fessel und renkte sich das Hüftgelenk aus. Da der Mann völlig unfähig war, sich zu bewegen, wurde er noch mehrere Stunden lang von dem wütenden Bienenschwarm mit Stichen bedacht. Weil er niemandem gesagt hatte, wohin er gehen wollte, lag er ohne jede Aussicht auf Hilfe da. Nachdem ihm die glühende Sonne und die Bienen mehrere Stunden zugesetzt hatten, kam eine neue Gefahr. Ein Steppenfeuer, das einige Kilometer weiter von einem anderen Honigsammler angezündet worden war, lief auf ihn zu. Trotz seiner rasenden Schmerzen schaffte er es, sich auf ein kleines Stück nackter Erde zu schleppen und auf diese Weise den Flammen zu entkommen, die rings um ihn herum wüteten.

Der Mann verbrachte so die ganze Nacht, während Nashörner dicht bei ihm schnauften und hungrige Löwen zu hören waren. Zum Glück hatte zufällig einer der Wildhüter am nächsten Tag dort zu tun und hörte sein Stöhnen und Seufzen. Der Wildhüter schleppte ihn bis an die nächste Autopiste, wo beide warteten. Wildwart Jenkins, der dann vorbeikam, brachte den Verletzten ins Krankenhaus. Der Mann war so dankbar, daß er auf dem Wege versprach, er würde später ganz ohne Bezahlung für den Nationalpark arbeiten. Das war um so rührender, als kaum Aussicht bestand, daß er mit dem Leben davonkommen oder nicht zumindest ein Krüppel bleiben würde.

Ian Parker, bei dem wir ein paar Tage wohnen, macht gerade einen Versuch, die Wilddieberei nicht nur mit Strafen und Polizei zu bekämpfen. Er »erntet Elefanten«, was unheimlich klingt und auch etwas unheimlich ist. Nicht das Jagen der Eingeborenen an sich ist nämlich so gefährlich und richtet das ganze Land und die künftige Ernährung des Volkes zugrunde. Sie haben es schließlich schon seit Jahrtausenden getan. Aber jetzt können sie mit Schußwaffen und Drahtseilschlingen Hunderte und Tausende auf einmal umbringen, viel mehr Fleisch, als sie verwerten können. Sie tun das aus Freude am Jagen und weil ihnen im Schwarzhandel für Elfenbein, Nashorn-Hörner und andere Trophäen hohe Preise geboten werden. Daß sie für ein Jahr als Wilddiebe ins Gefängnis wandern, wenn man sie erwischt, will ihnen nicht in den Kopf. Sie sehen ja gleichzeitig weiße Jagdgäste aus Europa und Amerika Elefanten schießen.

Jetzt sollen sie jagen, ohne die Wildtiere auszurotten. Sie sollen vorgehen wie ein Bauer, der jedes Jahr einen Teil seiner Rinderherde zum Schlachten verkauft. In manchen Landstrichen muß ohnedies ein Teil der Elefanten gejagt werden, weil sie sonst nicht nur die Pflanzungen der Bauern, sondern auch alle Büsche und Bäume vernichten. Deswegen schießt Ian Parker jeden Tag außerhalb des Nationalparkes einen Elefanten. So ein Tier bringt durchschnittlich eintausendneunhundert Kilogramm Muskelfleisch. Das Fleisch wird in Scheiben an der Sonne getrocknet und verliert in drei bis vier Tagen neun Zehntel seines Gewichtes. Ein Elefant liefert also rund hundertneunzig Kilogramm Trockenfleisch, das für eine Mark zwanzig je Kilogramm auf den Märkten verkauft wird. Eine Giraffe ergibt sechzig Kilogramm Trockenfleisch. Das ist nicht viel, und leider zieht die Kolonialregierung von Kenia das Elfenbein der geschossenen Elefanten aufgrund eines alten Gesetzes als »Krongut« ein. Es ist durchschnittlich fünfhundert Mark je Elefant wert. Ohne das Elfenbein macht sich das vernünftige Jagen kaum bezahlt, denn Ian Parker braucht rund fünfunddreißig Helfer, Männer des Waliungulustammes, wenn auch bisher jeder im Monat nur rund sechzig Mark einschließlich Beköstigung bekommt.

Ein Elefant wurde eines Tages in der Nähe des Kilaguni-Wasserloches mit einem unförmig angeschwollenen rechten Hinterbein angetroffen, ohne daß Anzeichen einer Verletzung zu entdecken waren. Das Tier konnte sich noch mühsam fortbewegen, so daß es notdürftig an Futter und Wasser kam. Es gewöhnte sich bald daran, daß es immer wieder von dem Wildwart und von anderen Leuten in Kraftwagen und zu Fuß besucht wurde. Eines Tages lag dieser alte Elefant jedoch tot da. Als man ihn näher untersuchte, zeigte sich, daß das Hüftgelenk gebrochen und daß sowohl Oberschenkel wie Hüftknochen durch die Bewegung stark beschädigt waren. Wahrscheinlich war das Tier in eines der Löcher und Schluchten zwischen der frischen zackigen Lava gestürzt.

Während ich im Tsavopark arbeite, brummt es eines Tages in der Luft. Eins, zwei, drei, vier, fünf gelbgestrichene Hubschrauber kommen über der Straße von der Hafenstadt Mombasa entlangge-

Wie Geier zu sterben verstehen, berichtete Mervyn Cowie, der Direktor der Königlichen Nationalparks von Kenia. Vor langen Jahren hatte er auf Wunsch der Bevölkerung Hyänen vergiften müssen; er zählte am Morgen 78 tote Tiere, und das ging so tagelang weiter. Dadurch wurden Unmengen von Geiern angezogen. Wie üblich, wenn man so stark in den Ablauf der Natur eingreift, kann man nicht voraussehen, was daraus wird. Sobald ein Geier die Wirkung des Giftes verspürte, flog er auf und segelte dann mit ausgebreiteten Schwingen in Kreisen immer weiter hoch empor, bis man ihn ohne Feldstecher gar nicht mehr erblicken konnte. Sobald der Tod ihn überkam, fiel er wie ein Stein auf die Erde herab und schlug mit einem Knall auf den Grund. Cowie und seine Mitarbeiter mußten sich selbst und ihre Ausrüstung gegen die toten Geier schützen, die alle Augenblicke vom Himmel herunterstürzten. Hunderte starben auf diese Weise. – Auf dem Bild vorn Zwerggänsegeier (Pseudogyps africanus), dahinter mit ausgebreiteten Schwingen ein Ohrengeier (Torgos tracheliotus).

Afrikas Bevölkerung hatte in den letzten Jahrhunderten nur ganz langsam etwas zugenommen, im Gegensatz zum ungeheuren Anschwellen der Menschenmassen in den übrigen Erdteilen. Die Böden Afrikas sind zu 80 v. H. unfruchtbar und würden in Europa nie unter den Pflug genommen werden. Falsche und überstürzte Maßnahmen verwandeln sie rasch in Wüste, wie das durch menschlichen Unverstand bereits mit dem größten Teil Nord-

afrikas vor sich gegangen ist und augenblicklich immer schneller jedes Jahr
geschieht. Werden diese Vorgänge etwa durch unüberlegte Maßnahmen im
Rahmen der Entwicklungshilfe noch beschleunigt, so wird mit einiger Si-
cherheit großes Elend über liebenswerte schwarze Menschen etwa nach dem
Muster Indiens hereinbrechen. – Ein junger Mann der Wagenia-Fischer am
Kongo in der Nähe von Stanleyville (Kisangani).

Im Ituri-Urwald der Kongorepublik, wo die Okapis zu Hause sind, lebt das fröhliche Zwergvolk der Bambuti. In meinem Buch ›Kein Platz für wilde Tiere‹ habe ich über diese kleinen, braungelben Menschen berichtet, die reine Jäger, Wurzel- und Früchtesammler sind und noch keinen Ackerbau kennen. Wer dort Urwaldtiere beobachten oder fangen will, ist auf ihre Hilfe angewiesen.

Die Massai sind ein hochgewachsener Nomadenstamm, die keine europäische Kleidung annehmen, weder Englisch noch die ostafrikanische Verkehrssprache Suaheli lernen und deren ganzer Stolz der Besitz riesiger Rinderherden ist. Da sie keine Bedürfnisse für industrielle Erzeugnisse oder bessere Nahrung haben, verkaufen sie auch nichts von diesen Rindern. Obwohl sie als Stamm wohl das größte Gebiet Tanganjikas und Kenias besetzt halten, tragen sie also kaum etwas zur Ernährung der darbenden übrigen Bevölkerung bei, verwandeln aber durch Überweidung große Teile des Landes immer rascher in unfruchtbare Wüste. Die jungen Mädchen und Frauen tragen sehr kleidsamen Schmuck aus bunten Perlen.

flogen, sie kreisen über der Besucherunterkunft und setzen sich dann, einer nach dem anderen, sanft auf dem selten benutzten Landestreifen unweit davon auf die Erde nieder. Es sind große Hubschrauber, jeder für acht bis zehn Mann berechnet. Sie bringen sogar einen kleinen, zusammensetzbaren Kraftwagen mit, mit dem die Insassen hier in der Gegend herumfahren können. Die gelben Ungetüme stammen von einem Mutterschiff der britischen Flotte, das in Mombasa Besuch macht.

Man kann mit Hubschraubern so schön in Waldlichtungen, auf Felsen oder im Gestrüpp landen. Deswegen wird mir oft gesagt, wir sollten statt der Kleinflugzeuge lieber Helikopter in Naturschutzgebieten fliegen. Aber es gehört viel Geschick dazu, so einen Hubschrauber zu lenken; die Ausbildung dauert lange und ist sehr kostspielig, nur Heer und Flotte können sich eigentlich diese Fliegerei leisten. Außerdem brauchen die Hubschrauber viel Betriebsstoff, haben nur eine begrenzte Flugdauer, und wenn sie entzweigehen, kann man sie in Afrika kaum wieder instandsetzen.

Um so dankbarer bin ich, daß uns die Offiziere zwei der Helikopter zur Verfügung stellen. Wir lassen die großen Türen aushängen, in einem sitzt Alan, im anderen ich, beide barfuß, und lassen die Beine hinunterbaumeln. So können wir frei filmen und beobachten. Es besteht kaum Gefahr, hinausgeschleudert zu werden, denn Hubschrauber fliegen im Gegensatz zu Flugzeugen sehr sanft und ruhig. Wieder bestätigt sich: man lernt eine Gegend, einen Nationalpark in einer Stunde von der Luft aus besser kennen, als wenn man mit dem Wagen drei Tage umherfährt.

Wir fliegen auf den Kilimandscharo zu. Der eine schneebedeckte flache Gipfel, der Kibo, ist in der ganzen Welt bekannt. Der zweite, der Mawenzi, ist durch einen Sattel von ihm getrennt. Er ist wild, zackig und erst selten bestiegen worden. Vor Jahren flog eine Verkehrsmaschine der East African Airways dagegen, wobei zwanzig Menschen ums Leben kamen. Man fand das Flugzeug aber erst nach einigen Tagen. Der Kilimandscharo, der 1848 entdeckt wurde, ist mit seinen 5889 Metern der höchste Berg Afrikas.

Aus den Lavafeldern um den Riesenberg, die streckenweise nur wenig bewachsen sind, sprudelt die Mzima-Quelle hervor. Eigentlich kann man sie kaum eine Quelle nennen, sondern schon eher einen Fluß, der auf einmal aus dem Untergrund hervorkommt. Das Wasser ist glasklar. Die Riesenquelle liefert jeden Tag zweihundertdreißig Millionen Liter davon.

Gleich da, wo der Wasserlauf beginnt, haust in einem natürlichen Becken eine Flußpferdfamilie. Nirgend sonst in Afrika kann man

Flußpferde in so durchsichtigem, kristallklarem Wasser auch untergetaucht beobachten. Vor ein paar Jahren hat man in die Nähe dieser gewichtigen Familie einen Stahltank ins Wasser gesetzt, in den zehn oder zwölf Menschen bequem hineinsteigen und durch dicke Scheiben die Riesentiere wie in einem Aquariumbecken unter Wasser besehen können. Leider ist das der Dickhäuterfamilie allmählich etwas zu lästig geworden. Sie sind zwanzig Meter weitergezogen, und so kann man heute nur noch die großen bläulichen Fische unter Wasser im glitzernden Spiel der afrikanischen Sonne bewundern.

Diese klaren Fluten laden zum Baden ein. Aber seit einiger Zeit ist das streng verboten, und zwar aus gutem Grunde. Obwohl man sie nicht zu sehen bekommt, hausen Krokodile darin. Ein europäisches Kind ist von ihnen gepackt und gefressen worden. Einen jungen Inder konnte man ein paar Monate später zwar noch retten, weil seine Kameraden ihn an den Armen und am Oberkörper festhielten. Das Krokodil ließ die Beine schließlich los, der Mann war aber schwer verwundet. Diese Krokodile erinnern mich an die Hand von Ian Parker. Über unseren Feldfunk bekomme ich auf Umwegen die Nachricht, daß sie ohne Eiterung gut heilt. Das haben sicher weniger meine eingerosteten Feldscherkünste erreicht, sondern vielmehr das Penicillin. Aber ich bin doch ein bißchen stolz darauf.

Leider hat man die Mzima-Quelle, dieses Prachtstück des Tsavo-Nationalparkes, vor ein paar Jahren angezapft. Eine zweihundertfünfzig Kilometer lange gewaltige Wasserleitung führt nun von ihr schnurstracks unterirdisch bis nach Mombasa. Wohl keine andere Stadt Afrikas hat so reichlich und so gesundes Wasser wie jetzt diese große Hafenstadt von Kenia. Mervyn Cowie, der Direktor der Kenia-Nationalparks, hat einen verzweifelten Kampf gegen die Techniker geführt, die ihre Pläne schon fertig ausgearbeitet und genehmigt bekommen hatten. Cowie konnte durch Zähigkeit und durch Flucht in die Öffentlichkeit erreichen, daß die Arbeiten angehalten, die Pläne geändert und das Weltwunder des Kristallweihers mit den Flußpferden darin geschont wurden.

Da die Rohre den großen Druck des Wassergefälles nicht aushalten würden, besitzt die Wasserleitung in gewissen Abständen immer wieder Überläufe. Im Tsavopark ist einer davon. Das Wasser daraus wird, ehe es wegläuft und einen künstlichen Sumpf für die Elefanten bildet, zunächst in einem großen Zementbecken aufgefangen. Hier schwimmen wir jeden Tag und sonnen uns über Mittag.

Wasser bedeutet Leben und Tod für den Tsavopark und seine Tiere. Heute können in diesem dürren Lande nur soviel Antilopen, Zebras, Giraffen, Nashörner und Gazellen leben, wie während der

Trockenzeit im engen Umkreis der wenigen Wasserstellen noch weiden können. Das übrige Land bleibt ungenutzt. So leben hier – und das gilt für weite Teile Afrikas – keineswegs soviel Wildtiere, wie das Land ernähren könnte, sondern nur so viele, wie auf ein paar kleinen Landstrichen in der Nähe der ständigen Wasserquellen während der Monate der Trockenheit Weide finden.

Schon Erddämme, quer durch die Täler der vorübergehend austrocknenden Flüsse gezogen, halten Wochen, ja Monate in die Trockenzeit hinein kleine Stauseen. So einen Damm anzulegen kostet fünftausend bis fünfunddreißigtausend Mark. Ein Bohrloch mit einer Windmühle, die das Wasser hebt, verschlingt ebensoviel Geld. Aber auch an solchen künstlichen Wasserstellen drängt sich viel Wild zusammen, zertrampelt das Land weit ringsum und verwandelt es langsam in Wüste.

Deswegen möchten die Leute vom Tsavo-Nationalpark die Wildtiere, welche durch den Besucherverkehr einmal so viele Einwohner Ostafrikas erhalten sollen, auf andere Weise tränken. Der Tsavo-Fluß selbst soll durch hydraulische Widder einen Teil seines Wassers in Röhren bis auf eine Hügelkette pumpen. Von dort aus würde es dann durch das natürliche Gefälle in Leitungen weiter in das Land laufen. Man könnte das eine Jahr hier eine Öffnung aufschrauben, das andere Jahr woanders. So würden sich die einzelnen Plätze immer wieder erholen. Soll man überhaupt in dieser Form in die wilde Natur eingreifen? Soll man nicht lieber alles der Wildnis selbst überlassen?

Aber wie es auch sei: solch eine Wasserleitung würde wohl gegen eine Million Mark kosten. Das klingt viel, ist aber nicht mehr als der Preis eines Wohnblocks in Europa. Ja, würden unsere Großmächte auf ein einziges Regiment, auf drei Jagdflugzeuge verzichten, so wäre genug Geld da, um die Wildtiere in den Nationalparks ganz Afrikas über die politische Krise der nächsten zehn Jahre hinweg – und damit für die ganze fernere Zukunft zu retten. Ja, würden...

Wenn Sie mit Büchern ähnlich verfahren wie meistens ich, dann haben Sie vermutlich das Vorwort nicht gelesen.

Tun Sie es bitte jetzt hinterher. Es steht auf Seite 9. Eigentlich ist es nämlich das Wichtigste an diesem Buch, weil es Ihnen zeigt, wie es mit den Tieren und Menschen Afrikas weitergehen wird oder weitergehen soll.

Stichwortverzeichnis
(Verweisungen auf Bilder sind kursiv gesetzt)

BERNHARD GRZIMEK

Auf den Mensch gekommen

Erfahrungen mit Leuten

474 Seiten, 32 Abbildungen, DM 34,– C. Bertelsmann Verlag

Ich habe es gelesen – nein: verschlungen. Alle Wetter: diesem Mann steht Sprache zur Verfügung! Das erzählt und erzählt und fesselt und fesselt, und man merkt gar nicht, wie es später und später wird, und man ist angelangt auf Seite 474, und es ist Mitternacht vorüber . . . Es ist die Geschichte eines ungewöhnlich bewegten, ungewöhnlich tätigen, ungewöhnlich erfolgreichen Lebens. Lesen Sie selbst!

Dr. Lindemann, Norddeutscher Rundfunk

Wenige wissen, wieviele dramatische Episoden sich im Leben dieses weitgereisten Mannes ereignet haben und gegen welche Widerstände der eigenwillige Zoodirektor ankämpfen mußte. In dieser charmanten Lebensbeichte berichtet Grzimek von Begegnungen mit kleinen und kleinlichen Menschen, doch auch von menschlichem Opfermut und Pioniergeist. Das Buch ist derart spannend geschrieben, daß man es wahrhaftig in einem Zug durchlesen kann.

Die Tat

Die Kenntnisse, die Weisheiten und auch die Witze, die er austeilt, soll man sich hinter die Ohren schreiben. Die Pädagogengeste steht ihm aber, und sie steht ihm wohl auch zu. Sein Ruhm wurzelt ja in der Fähigkeit, eigene Erfahrungen . . . .

Die Zeit

Und Grzimek hat Schauderhaftes vom Eigennutz der Menschen und der Leute im besonderen zu erzählen, vor allem der Leute, die sich einen Dreck um unseren gemeinsamen Besitz . . . kümmern. Breit und prächtig erzählt . . .

Stuttgarter Zeitung

Da ist nichts Beschönigendes, Verlogenes, Verschleiertes oder sonstwie Unklares! Da hat sich ein weltbekannter Mann sein gesundes Urteil gewahrt und spricht es auch in aller Öffentlichkeit und Offenheit aus, ohne Rücksicht auf Geschäft, Politik, Kirche! Dazu muß man gratulieren! Das Buch ist stilistisch hervorragend.

Oberstudienrat Dr. A. Zänkert

Bücher von Bernhard Grzimek

Das Tierhaus in den Bergen. Eine Erzählung. Hallwag Verlag, Bern und Stuttgart.

Wir Tiere sind ja gar nicht so! Erlebnisse und Erfahrungen. Franckh'sche Verlagshandlung, Stuttgart. Davon holländ., finn., engl., tschech., schwed., franz. Ausgabe.

Unsere Brüder mit den Krallen
Als ich mit Tigern arbeitete. Tiergeschichten. Ullstein-Verlag, Darmstadt. Davon finnische Ausgabe.

Kein Platz für wilde Tiere
Liebe zu Tieren und Menschen im Kongo. Kindler-Verlag, München. Davon engl., amerik., franz., poln., holländ., japan., spanische Ausgabe.

Wir lebten mit den Baule
Flug ins Schimpansenland. Ullstein-Verlag. Davon engl., amerik., tschech., holländ., schwed., dänische Ausgabe.

20 Tiere und ein Mensch
Der Zoologe erzählt. Kindler-Verlag. Davon engl., franz., poln., DDR-Ausgabe.

Serengeti darf nicht sterben
367000 Tiere suchen einen Staat. Ullstein-Verlag. Davon engl., amerik., russ., span., dän., finn., slowen., kroat., tschech., slowak., schwed., holländ., italien., franz., norweg., bulgar., ungar., swahili., poln., japan. Ausgabe.

Wildes Tier, weißer Mann
Von Tieren im Lebensraum der europäischen Menschen in Europa, Nordamerika, in der Sowjetunion. Kindler-Verlag. Davon engl., amerik., DDR-, holländ., tschech. Ausgabe.

Mit Grzimek durch Australien
Abenteuer mit Tieren und Menschen des fünften Kontinents. Kindler-Verlag. Davon engl., amerik., ungar., holländ., bulgar., poln., russ., slowak., tschech. Ausgabe.

Grzimek unter Afrikas Tieren
Erlebnisse, Beobachtungen, Forschungsergebnisse. Ullstein-Verlag. Davon engl., amerik., russ., finn., holländ., slowen. Ausgabe.

Grzimeks Tierleben
Enzyklopädie des Tierreichs. 16 Bände, je rund 600 Seiten mit 1600 Farbtafeln und 10000 Tierdarstellungen, über 2500 Textbilder; Kindler-Verlag. Je ein Band Niedere Tiere, Korbtiere, Weichtiere und Stachelhäuter, Amphibien, Kriechtiere, zwei Bände Fische, drei Bände Vögel, vier Bände Säugetiere, ein Band Vorwelt, ein Band Verhaltenslehre, ein Band Ökologie (Umwelt). Davon engl., amerik., holländ., italien., franz. Ausgaben.

Auf den Mensch gekommen
Erfahrungen mit Leuten. (Lebenserinnerungen) C. Bertelsmann-Verlag, München.

Neue Anthropologie

Neue Anthropologie
Herausgegeben von
Hans-Georg Gadamer
und Paul Vogler
7 Bände
dtv-Thieme
Originalausgabe
4069–4074 und 4148

Anthropologie ist Wissenschaft vom Menschen, sie will eine Antwort geben auf Kants Grundfrage der Philosophie: Was ist der Mensch?
Die moderne Anthropologie geht im Sinne eines echten studium universale über die biologischen und philosophischen Ansätze und Entwürfe weit hinaus: sie versteht sich als Programm aller Wissenschaft überhaupt.
In dem von einem Mediziner und einem Philosophen edierten Werk sind neue Erkenntnisse und Forschungsergebnisse aus den verschiedensten Disziplinen zu einem Gesamtbild des heutigen Wissens vom Menschen zusammengefaßt. Neben bekannten Philosophen, Biologen, Medizinern,

Psychologen und Soziologen haben zu dem in seiner Art einmaligen Versuch auch namhafte Techniker, Physiker, Juristen, Theologen, Historiker, Linguisten und Ökonomen aus dem In- und Ausland beigetragen.

Band 1 und 2
Biologische Anthropologie
Band 3
Sozialanthropologie
Band 4
Kulturanthropologie
Band 5
Psychologische
Anthropologie
Band 6 und 7
Philosophische
Anthropologie

Biographien
Erinnerungen

Jack London